BARRON'S

Junior
Illustrated Dictionary
French-English

Text by
Jean-Christophe Meyer

Illustrations by
Gerald Chmielewski

English language version by
Christopher Kendris, Ph.D.

WITHDRAWN

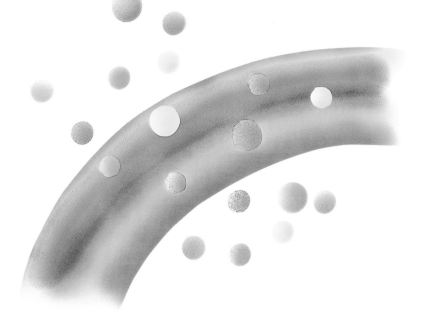

BARRON'S

French text © Copyright 1993 by Ernst Klett Verlag für Wissen und Bildung GmbH,
P.O. Box 10 60 16, 70046 Stuttgart / Fed. Rep. of Germany.
Author: Jean-Christophe Meyer.

Illustrations © Copyright 1993 by Verlag J.F. Schreiber GmbH,
P.O. Box 285, 73703 Esslingen / Fed. Rep. of Germany.
Illustrator: Gerald Chmielewski

Original title: PONS JUNIOR—Illustriertes Wörterbuch FRANZÖSISCH.
English language version by Christopher Kendris.

First English language edition published in 1994 by
Barron's Educational Series, Inc.
English language version © Copyright 1994 by
Barron's Educational Series, Inc.

Address all inquiries to:
Barron's Educational Series, Inc.
250 Wireless Boulevard
Hauppauge, New York 11788

Library of Congress Catalog No. 94-72264

International Standard Book No. 0-8120-6458-5

Printed in Spain

4567   9917   987654321

Introduction

This picture dictionary is intended for school children seven years of age and older. It is especially useful as a supplementary book in the early study of the French language.

The French words in this dictionary are frequently used by children in everyday conversations. Their meanings are presented in a clear and concise manner, and often are followed by sample sentences in French.

Sound transcriptions are provided in brackets after each French entry. The transcriptions can easily be followed by referring to the pronunciation guide on page 13, which includes examples in both languages. In addition, attractive color illustrations appear on every page to aid in understanding basic concepts at a glance.

Beginning on page 121 numerous pictures arranged by topic provide theme-related vocabulary. An extensive English-French vocabulary section located in the back pages of the book allows readers to identify any French word contained in the book by looking up the English term first. All French words in this section are accompanied by their respective pronunciations.

This is the Martin family and their friends. They will keep you company when you look up words, and they will show and tell you many things in French.

Papa [pa-pa] is the father of Jean, Juliette, and Annie.

Maman [ma-mAH] is the mother of Jean, Juliette, and Annie.

Juliette [zh-ewl-yeht] is twelve years old. She is Jean and Annie's sister.

Mémé [may-may] is the grandmother of Jean, Juliette, and Annie.

Pépé [pay-pay] is the grandfather of Jean, Juliette, and Annie.

Jean [zh-AH] is nine years old. He is Juliette and Annie's brother.

Ali [a-lee] is Jean's best friend.

Sylvie [seel-vee] is Juliette's best friend.

Annie [a-nee] is three years old. She is Juliette and Jean's little sister.

Pipo [pee-po] is the Martin family dog.

Minouche [mee-noosh] is the Martin family cat.

Dictionary

In this dictionary you will find about 2,000 French words arranged in alphabetical order.

Juliette shows you what you can find in an entry.

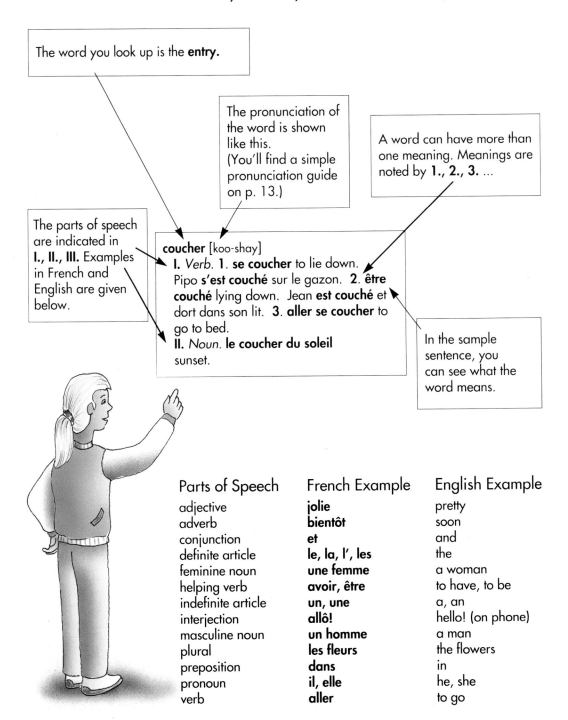

The word you look up is the **entry.**

The pronunciation of the word is shown like this.
(You'll find a simple pronunciation guide on p. 13.)

A word can have more than one meaning. Meanings are noted by **1., 2., 3.** ...

The parts of speech are indicated in **I., II., III.** Examples in French and English are given below.

coucher [koo-shay]
　I. *Verb.* **1. se coucher** to lie down. Pipo **s'est couché** sur le gazon. **2. être couché** lying down. Jean **est couché** et dort dans son lit. **3. aller se coucher** to go to bed.
　II. *Noun.* **le coucher du soleil** sunset.

In the sample sentence, you can see what the word means.

Parts of Speech	French Example	English Example
adjective	**jolie**	pretty
adverb	**bientôt**	soon
conjunction	**et**	and
definite article	**le, la, l', les**	the
feminine noun	**une femme**	a woman
helping verb	**avoir, être**	to have, to be
indefinite article	**un, une**	a, an
interjection	**allô!**	hello! (on phone)
masculine noun	**un homme**	a man
plural	**les fleurs**	the flowers
preposition	**dans**	in
pronoun	**il, elle**	he, she
verb	**aller**	to go

The French Verb

In French there are two helping verbs, **avoir** (to have) and **être** (to be). They are important because they are needed to form the compound tenses.

avoir (to have)

Present Tense

j'ai	I have
tu as	you have
il/elle a	he/she/it has
nous avons	we have
vous avez	you have (singular and plural)
ils/elles ont	they have

Imperfect Tense

j'avais	I had
tu avais	you had
il/elle avait	he/she/it had
nous avions	we had
vous aviez	you had (singular and plural)
ils/elles avaient	they had

Future Tense

j'aurai	nous aurons
tu auras	vous aurez
il/elle aura	ils/elles auront

Compound Past Tense

j'ai eu	I have had
etc.	

Present Participle: ayant
Past Participle: eu

être (to be)

Present Tense

je suis	I am
tu es	you are
il/elle est	he/she/it is
nous sommes	we are
vous êtes	you are (singular and plural)
ils/elles sont	they are

Imperfect Tense

j'étais	I was
tu étais	you were
il/elle était	he/she/it was
nous étions	we were
vous étiez	you were (singular and plural)
ils/elles étaient	they were

Future Tense

je serai	nous serons
tu seras	vous serez
il/elle sera	ils/elles seront

Compound Past Tense

j'ai été	I have been
etc.	

Present Participle: étant
Past Participle: été

In French there are three regular verb groups that are known by their infinitive endings:

-er
parler *to speak*
 to talk

-ir
finir *to finish*

-re
vendre *to sell*

parler (to speak, to talk)

Present Tense

je parle	I speak
tu parles	you speak
il/elle parle	he/she/it speaks
nous parlons	we speak
vous parlez	you speak (*singular and plural*)
ils/elles parlent	they speak

Future Tense

je parlerai	nous parlerons
tu parleras	vous parlerez
il/elle parlera	ils/elles parleront

Imperfect Tense

je parlais	I was speaking
tu parlais	you were speaking
il/elle parlait	(s)he/it was speaking
nous parlions	we were speaking
vous parliez	you were speaking (*singular and plural*)
ils/elles parlaient	they were speaking

Compound Past Tense

j'ai parlé	I have spoken
etc.	

Present Participle: parlant
Past Participle: parlé

finir (to finish)

Present Tense

je finis	I finish
tu finis	you finish
il/elle finit	he/she/it finishes
nous finissons	we finish
vous finissez	you finish (*singular and plural*)
ils/elles finissent	they finish

Future Tense

je finirai	nous finirons
tu finiras	vous finirez
il/elle finira	ils/elles finiront

Imperfect Tense

je finissais	I was finishing
tu finissais	you were finishing
il/elle finissait	(s)he/it was finishing
nous finissions	we were finishing
vous finissiez	you were finishing (*singular and plural*)
ils/elles finissaient	they were finishing

Compound Past Tense

j'ai fini	I have finished
etc.	

Present Participle: finissant
Past Participle: fini

vendre (to sell)

Present Tense

je vends	I sell
tu vends	you sell
il/elle vend	he/she/it sells
nous vendons	we sell
vous vendez	you sell (*singular and plural*)
ils/elles vendent	they sell

Imperfect Tense

je vendais	I was selling
tu vendais	you were selling
il/elle vendait	he/she/it was selling
nous vendions	we were selling
vous vendiez	you were selling (*singular and plural*)
ils/elles vendaient	they were selling

Future Tense

je vendrai	nous vendrons
tu vendras	vous vendrez
il/elle vendra	ils/elles vendront

Compound Past Tense

j'ai vendu   I have sold
etc.
Present Participle: vendant
Past Participle: vendu

Pronunciation Guide

Transcription letters	English word	French word	Sound transcription
	Pronounced approximately as in the		
a	lollipop	la	la
ah	ah!	pas	pah
ay	say	été	ay-tay
e	could	le	le
ee	see	ici	ee-see
eh	egg	mère	mehr
ew	few	une	ewn
yew-ee	you eat	huit	yew-eet
ny	canyon	ligne	lee-ny
o	also	oser	ozay
oh	oh!	eau	oh
oo	too	ou	oo
or	or	or	or
sh	ship	chaque	shak
u	but	botte	but
uh	pudding	peu	puh
ur	purr	peur	pur
y	yes	il y a	eel-ya
yay	yea	payer	pay-yay
z	zero	zéro	zay-ro
zh	measure	je	zh-e

Nasal Vowels

UH	sung	un	UH
OH	song	bon	bOH
EH	sang	jardin	zh-ar-dEH
AH	yonder	blanc	blAH

A

à

à [a]

Preposition **1.** «Ce livre est **à** moi!» dit Jean **à** Ali. "This book belongs to me!" says John to Ali. **2.** to. Tante Sarah envoie une carte **à** Juliette. **3.** in. Oncle Fernand habite **à** Paris. **4.** to. «Je ne veux pas aller **à** l'école aujourd'hui!» crie Juliette. **5.** until. A lundi! **6.** to. Papa va **à** Paris.

une abeille [a-beh-y]
Noun. bee.
Pipo a été piqué
par une **abeille**.

abîmer [a-bee-may]
Verb. to damage. Jean a **abîmé** ses chaussures en se promenant sous la pluie.

abondant, abondante [abOH-dAH, -dAHt]
Adjective. abundant. En haute montagne, la neige est **abondante**.

aboyer [abwa-yay]
Verb. to bark. Pipo **aboie** très fort.

absent, absente [apsAH, apsAHt]
Adjective. absent. Jean est **absent.**

accepter [ak-sehp-tay]
Verb. to accept.

un accident [ak-see-dAH]
Noun. **1.** an accident. Sur le chemin de l'école, Juliette a vu un **accident**.
2. par accident by accident.

un accord [a-kor]
Noun. **1.** agreement.
2. d'accord okay. «Vas-tu promener Pipo?» demande papa. «**D'accord!**» répond Jean. **3. être d'accord (avec)** to be in agreement (with). Jean est **d'accord** pour aider papa à laver la voiture.

accrocher [ak-rush-ay]
Verb. **1.** to hang. Jean **accroche** une photo de son équipe de football au mur de sa chambre. **2.** to hang up. Maman **accroche** le linge dans le jardin.

acheter [ah-sh-tay]
Verb. to buy. Papa **achète** un autre tournevis, car il a déjà perdu celui qu'il avait **acheté** la semaine dernière.

un acteur, une actrice [ak-tur, -trees]
Noun. actor, actress. Charles est acteur, Charlotte est **actrice**.

actuellement [ak-tew-ehl-mAH]
Adverb. at present. **Actuellement**, Jean est à l'école.

une addition [adee-syOH]
Noun. **1.** check. Papa paye l'**addition** par chèque.
2. an addition.

admettre [ad-meh-tr]
Verb. **1.** to allow. Les enfants sont **admis** gratuitement dans le musée.
2. to admit. Jean **admet** qu'il a cassé l'assiette.

adresse [ad-rehs]
Noun. address.

adresser [ad-reh-say]
Verb. **s'adresser à quelqu'un** to address oneself to someone. Jean **s'adresse à** son professeur pour lui poser une question.

un adulte, une adulte [a-dewlt]
Noun. adult *(male, female)*. Jean n'est pas encore un **adulte**, il n'a que neuf ans.

un aéroport
[a-ay-ro-por]
Noun. airport.
Papa et Jean
ont rencontré
oncle Fernand
à l'**aéroport**.

les affaires [a-fehr]
Noun. things. Juliette prépare ses
affaires pour aller à son cours de
danse.

une affiche [a-feesh]
Noun. poster.

africain, africaine [afree-kEH, afree-kehn]
I. *Adjective.* African.
II. *Noun.* **un Africain, une Africaine**
An African *(male, female)*.

l'Afrique [a-freek]
Noun,
feminine.
Africa.

l'âge [azh]
Noun, masculine. **1.** age.
Jean a le même **âge** qu'Ali.
2. Quel âge as-tu? How old are you?

un agent de police [a-zh-AH de pul-eess]
Noun. police
officer *(male,*
female).
L'**agent** a
dit à papa
de ne pas
conduire trop vite.

agiter [a-zh-ee-tay]
Verb **1.** to shake. Jean a **agité** la
branche et trois pommes sont
tombées par terre. **2.** to wave.

un agneau
[a-ny-o]
Noun. lamb.

agréable [a-gray-abl]
Adjective. pleasant. Tante Sarah a
passé des vacances très **agréables**.

l'aide [ehd]
Noun, feminine. **1.** help.
2. A l'aide! Help! «A l'aide! Je ne
peux pas descendre», criait Jean au
sommet de l'arbre.

aider [ay-day]
Verb. to help. Maman **aide** Juliette
à faire ses devoirs.

un aigle [eh-gl]
Noun.
eagle.

une aiguille [ayg-ew-ee-y]
Noun.
1. needle.
2. hand *(of clock).* La petite **aiguille**
d'une montre indique les heures et la
grande **aiguille** indique les minutes.

une aile [ehl]
Noun.
wing.

aimer [ay-may]
Verb. **1.** to love. Papa et maman
aiment beaucoup leurs enfants.
2. to like. Jean **aime** beaucoup le
football. **3. aimer faire quelque**
chose to like to do something.

l'air [ehr]
Noun, masculine. **1.** air. En
montagne, l'**air** est pur. **2. avoir**
l'air seems. Jean **a l'air** très
fatigué ce matin.

ajouter [a-zh-oo-tay]
Verb. to add.

un album [al-bum]
Noun.
album.

Allemagne

l'Allemagne [al-ma-ny]
Noun,
feminine.
Germany.

allemand, allemande [al-mAH, -mAHd]
I. *Adjective.* German.
II. *Noun.* **1. un Allemand, une Allemande** German *(male, female).*
2. l'allemand German language.
«Parlez-vous **allemand**?»

aller [a-lay]
Verb. **1.** to go. Cet été, la famille pense **aller** en vacances à la mer.
2. are going. Jean et Juliette **vont** à l'école en bus. **3.** is going. Jean **va** tomber de l'arbre, s'il ne fait pas attention. Il **va** faire beau demain.
4. aller à pied to walk. Jean est **allé** à l'école **à pied** car il a raté le bus ce matin. **5. Comment allez-vous?** How are you?

allô! [a-lo]
Interjection. Hello! (on the telephone)

allumer [a-lew-may]
Verb. **1.** to light. Maman **allume** les bougies du gâteau d'anniversaire d'Annie.
2. to switch on. Jean **allume** la télé pour voir un dessin animé.

une allumette [a-lew-meht]
Noun. match.

alors [a-lor]
Adverb. **1.** then. «Tu ne veux pas que je t'aide?» demande papa à Juliette. «**Alors** je te laisse.»
2. at that time. «As-tu vu la photo? Maman avait **alors** neuf ans!»

3. so. Juliette est malade, **alors** maman appelle le docteur.

l'alphabet [al-fa-beh]
Noun, masculine. alphabet.

une ambulance
[AH-bewl-AHs]
Noun. ambulance.

américain, américaine
[a-may-ree-kEH, -kehn]
I. *Adjective.* American.
II. *Noun.* **un Américain, une Américaine** American *(male, female).*

l'Amérique
[a-may-reek]
Noun, masculine.
America.

un ami, une amie [a-mee]
Noun. friend *(male, female).*
Sylvie est l'**amie** de Juliette, et Ali est l'**ami** de Jean.

l'amour [a-moor]
Noun, masculine. love.

amusant, amusante [a-mew-zAH, -zAHt]
Adjective. amusing. Papa a raconté une histoire **amusante** qui a fait rire tout le monde.

amuser [a-mew-zay]
Verb. **s'amuser** to have fun. Les enfants **s'amusent** dans le jardin.

un an [AH]
Noun. year. Annie va aller à l'école dans deux **ans**.

un ananas [a-na-nas]
Noun.
pineapple.

ancien, ancienne [AHs-yEH, -yehn]
Adjective **1.** old. Dans la maison des parents de Jean et de Juliette, il y a beaucoup de meubles **anciens**.
2. former. La voisine, Mme. Dupont, est l'**ancienne** institutrice de Juliette.

une ancre [AH-kre]
Noun. anchor.

un âne [ahn]
Noun.
donkey.

un ange [AHzh]
Noun. angel.

anglais, anglaise [AH-gleh, -glehz]
I. *Adjective.* English.
II. *Noun.* **1. un Anglais, une Anglaise** English *(male, female)*
2. l'anglais English language.
L'**anglais** est parlé par beaucoup de gens dans le monde.

l'Angleterre
[AH-gle-tehr]
Noun, feminine.
England.

un animal, des animaux
[a-nee-mal, -moh]
Noun. animal, some animals.

animé, animée [a-nee-may]
Adjective. animated.

une année [a-nay]
Noun. **1.** year. La famille Martin va passer les vacances au Canada l'**année** prochaine.
2. Bonne année! Happy New Year!

un anniversaire [a-nee-vehr-sehr]
Noun. **1.** anniversary. C'est l'**anniversaire** de Juliette aujourd'hui.
2. Joyeux anniversaire! Happy birthday!

un anorak [a-nu-rak]
Noun.
anorak.

août [oo *or* oot]
Noun, masculine. **1.** August.
2. au mois d'août in August.

apercevoir [a-pehr-se-vwar]
Verb. **1.** to perceive. **2. s'apercevoir de quelque chose** to notice something. En regardant sa montre, Juliette **s'aperçoit** qu'elle est en retard.

apparaître [a-pa-reht-re]
Verb. to appear. Pipo **apparaît** de derrière les buissons avec un os.

un appareil photo
[a-pa-reh-y fu-toh]
Noun. camera.
Sylvie ne sort jamais sans son **appareil photo**.

un appartement [a-par-te-mAH]
Noun. apartment. La famille de Sylvie habite dans un grand **appartement**.

appartenir à [a-par-te-neer a]
Verb. to belong to. Ce livre **appartient à** Jean.

appeler [a-play]
Verb. **1.** to call. Maman **appelle** les enfants pour le déjeuner. **2.** to call up. Les enfants ont **appelé** mémé pour lui souhaiter un joyeux anniversaire.
3. s'appeler to be called. Le chien de la famille Martin s'**appelle** Pipo.

applaudir [ap-lo-deer]
Verb. to applaud. A la fin du concert, le public **applaudit** très fort.

apporter [a-por-tay]
Verb. to bring. Le père Noël a **apporté** beaucoup de cadeaux à Jean et Juliette cette année.

apprendre [ap-rAH-dr]
Verb. **1.** to learn. **2. apprendre
quelque chose à quelqu'un**
to teach something to someone.
L'instituteur **apprend à** lire **aux**
enfants.

apprivoisé, apprivoisée [ap-ree-vwa-zay]
Adjective. tamed. «Les lions du
cirque sont-ils **apprivoisés**?»
demande Jean.

approcher [ap-rush-ay]
Verb. **1.** to bring nearer.
2. s'approcher to approach (person)

appuyer [a-pew-ee-yay]
Verb **1.** to press. Jean **appuie** sur le
bouton et attend que l'ascenseur
arrive. **2.** to lean. Papa **appuie**
l'échelle contre l'arbre pour aider
Jean à descendre. **3. s'appuyer** to
lean on. Pépé **s'appuie** sur sa canne
pour marcher.

après [ap-reh]
I. Preposition. after. Jean et Ali
jouent souvent au football **après**
l'école.
II. Conjunction. after. «Vous
pouvez sortir jouer **après** avoir fini
vos leçons.»
III. Adverb. after. «Fais d'abord
tes devoirs. **Après** tu pourras sortir
Pipo.»

un après-midi [ap-reh mee-dee]
Noun. **1.** afternoon.
2. l'après-midi in the afternoon.
Annie dort **l'après-midi**.

une araignée
[a-ray-ny-ay]
Noun. spider.
Jean regarde
comment l'**araignée**
attrape la mouche.

un arbre [arbr]
Noun.
tree.

un arc [ark]
Noun. bow. Jean est habillé
comme un Indien avec un **arc** et des
flèches.

un arc-en-ciel [ark-AH-syehl]
Noun.
rainbow.
Il y a sept
couleurs dans
un **arc-en-ciel**.

un archet [arsh-eh]
Noun. bow. Quand on joue du
violon on se sert d'un **archet**.

l'argent [ar-zh-AH]
Noun, masculine.
1. money.
Papa et maman
travaillent pour
gagner de l'**argent**.
2. l'argent de poche
pocket money. Ali garde son **argent
de poche** pour acheter un nouveau
jeu vidéo.

une armée [ar-may]
Noun. army.

une armoire [arm-war]
Noun. wardrobe
closet. Juliette range
les vêtements dans
l'**armoire**.

un arrêt [ar-eh]
Noun. stop.
Mémé descend à l'**arrêt** de bus
devant la poste.

arrêter [a-ray-tay]

Verb **1.** to stop. Papa a **arrêté** de fumer il y a longtemps.
2. to arrest. La police **arrête** l'homme qui vient de voler les bijoux.
3. s'arrêter to stop. Le bus de l'école **s'arrête** près de la maison de Jean et de Juliette.

arrière [ar-yehr]

Adjective. rear. Le pneu **arrière** du vélo de Jean est à plat.

arriver [a-ree-vay]

Verb. **1.** to arrive. Le train **arrive** avec dix minutes de retard. **2.** to succeed. Jean **arrive à** faire ses devoirs tout seul. **3. il arrive que**... it happens that... **Il arrive** quelquefois **que** Jean oublie de faire ses devoirs!

arroser [a-ro-zay]

Verb. to water. Pépé a prié le voisin d' **arroser** le jardin pendant qu'il était en vacances.

un arrosoir [a-ro-zwar]

Noun.
watering can.

l'art [ar]

Noun, masculine. art.

un article [ar-teekl]

Noun. article. Pépé lit un **article** sur les plantes dans le journal.

un, une artiste [ar-teest]

Noun. artist *(male, female)*

un ascenseur [a-sAH-sur]

Noun. elevator.

l'Asie [a-zee]

Noun, feminine. Asia.

s'asseoir [sa-swar]

Verb. to sit down. Jean **s'assied** à son bureau pour faire ses devoirs.

assez [a-say]

Adverb. **1.** enough. «Y a-t-il **assez** de lait pour le petit déjeuner de demain?» demande maman.
2. sufficiently. Le trou pour le nouvel arbre n'est pas **assez** profond.
3. rather. Jean trouve que Sylvie est **assez** jolie.

une assiette [ass-yeht]

Noun. plate.

assis, assise [a-see, a-seez]

Adjective. **1.** seated. **2. être assis** sitting. Mémé **est assise** dans son fauteuil.

un astronaute [as-tru-nut]

Noun. astronaut. Ali veut devenir **astronaute** quand il sera grand.

une attaque [a-tak]

Noun. attack.

attaquer [a-ta-kay]

Verb. to attack. Pipo **attaque** le voleur qui essaie de voler la télévision.

atteindre [a-tEH-dr]

Verb. to reach. Papa a **atteint** le premier le sommet de la montagne.

attendre [a-tAH-dr]
Verb. to wait (for) Jean **attend** Ali depuis un quart d'heure.

l'attention
[a-tAH-sy-OH]
I. Noun, feminine. attention. «S'il vous plaît, puis-je avoir votre **attention**!» crie le professeur.
II. Interjection. **attention**! Watch out!

atterrir [a-tay-reer]
Verb. to land. Les enfants regardaient **atterrir** l'avion d'oncle Fernand.

attraper [a-tra-pay]
Verb. 1. to catch. Jean a **attrapé** la balle que papa lui a lancée.
2. to trap. Le professeur a **attrapé** deux élèves en train de fumer dans les toilettes. 3. **attraper un rhume** to catch cold. Papa a **attrapé un rhume** terrible.

au [oh]
Combination of **à** + **le**. to the. Ali va **au** supermarché.

aucun, aucune [o-kUH, o-kewn]
Pronoun. **ne... aucun, ne... aucune** not one, not any. Jean **n'**a **aucune** idée de l'endroit où est Juliette.

au-dessous [od-soo]
Preposition. under. Pipo a caché un os **au-dessous** de la table.

au-dessus [od-sew]
Preposition. above. L'oiseau vole **au-dessus** du jardin.

aujourd'hui [oh-zh-oord-ew-ee]
Adverb. today. **Aujourd'hui**, pépé va au zoo avec les enfants.

aussi [oh-see]
Adverb. 1. too, also. Juliette va monter à cheval et Sylvie **aussi**.
2. **aussi...que** as...as. Jean veut bien être tout **aussi** grand **que** papa.

l'Australie [us-tra-lee]
Noun, feminine. Australia.

australien, australienne
[us-tral-yEH, -yehn]
I. Adjective. Australian.
II. Noun. **un Australien, une Australienne** an Australian (male, female).

autant [oh-tAH]
Adverb. 1. as many. Jean a **autant** de timbres dans sa collection que Juliette. 2. as much. Jean aime Annie **autant** que Juliette.

une auto [ut-oh]
Noun.
car.

un autobus
[ut-oh-bewss]
Noun. bus. Ils visitent Paris en **autobus**.

l'automne [u-tun]
Noun, masculine. autumn.

autoriser [u-tu-ree-zay]
Verb. 1. to authorize. Pépé nous a **autorisés** à regarder le film. 2. **être autorisé à** to be authorized to. Juliette **est autorisée à** aller au cinéma avec Sylvie.

une autoroute [u-tu-root]
Noun. highway.

autour (de) [oh-toor de]
Preposition. **1.** 'round Pipo chasse mémé **autour** de l'arbre.
2. around. «Il fait froid dehors, mets une écharpe **autour** du cou.»

un, une autre [otre]
Adjective. **1.** another. «Prends un **autre** biscuit», dit mémé.
2. *Pronoun.* another one. Depuis que Jean a cassé son stylo, il en utilise un **autre**.

l'Autriche [o-treesh]
Noun, feminine. Austria.

autrichien, autrichienne
[o-treesh-yEH, -yehn]
I. *Adjective.* Austrian.
II. *Noun.* **un Autrichien, une Autrichienne** an Austrian *(male, female).*

une autruche
[o-trew-sh]
Noun. ostrich. Une autruche est un grand oiseau qui ne peut pas voler.

aux [oh]
To the. Le voisin a donné des bonbons **aux** enfants.

avaler [a-va-lay]
Verb. to swallow. «S'il te plaît, mâche ce que tu manges avant d'**avaler**», dit maman.

avant [a-vAH]
I. *Preposition.* before. Jean arrive au cinéma **avant** Ali.
II. *Adverb* **1.** before. Oncle Fernand est parti hier et tante Sarah est partie le jour **avant**. **2. en avant** forward. «Marche **en avant** sans te retourner!» ordonne papa à Juliette.
III. *Adjective.* front. Papa doit changer la roue **avant** de la voiture, car le pneu est à plat.
IV. *Conjunction.* **avant de** before. «Finis tes devoirs **avant de** sortir», dit papa.

avec [a-vehk]
Preposition. with. Sylvie est allée au cinéma **avec** Juliette.

l'avenir [av-neer]
Noun, masculine. **1.** the future. «Personne ne peut dire ce que sera l'**avenir**», dit maman à Juliette.
2. à l'avenir in (the) future. «Essayez d'être plus attentifs à l'**avenir**!» gronde le directeur.

une aventure [a-vAH-tewr]
Noun. adventure.

avertir [a-vehr-teer]
Verb. to warn.

aveugle [a-vuh-gl]
Adjective. blind. Le grand-père d'Ali est **aveugle**, c'est pourquoi les enfants l'aident à traverser la rue.

un avion [av-yOH]
Noun. airplane. Les enfants ont vu arriver l'**avion** d'oncle Fernand à l'aéroport.

avoir

avoir [av-war]
I. *Verb.* to have. Juliette et Annie **ont** les yeux bleus.
II. *Helping verb.* to have. Pipo **a** déchiré la chaussette de Jean.

avril [av-reel]
Noun, masculine. **1.** April.
2. au mois d'avril in April.

B

le badge [bad-zh]
Noun.
badge.
Le badge favori d'Annie est celui avec l'ours.

les bagages [ba-ga-zh]
Noun, masculine. baggage.

la bague [bahg]
Noun.
ring.

la baguette [bahg-eht]
Noun. long loaf of bread.

la baie [beh]
Noun.
berry.

bâiller [bah-yay]
Verb. to yawn. Pipo a **bâillé** et s'est endormi dans le fauteuil de pépé.

baigner [bay-ny-ay]
Verb. **se baigner** to bathe. En été Jean aime **se baigner** dans la mer.

le bain [bEH]
Noun. bath.
Annie prend son **bain** chaque soir avant d'aller au lit.

le baiser [bay-zay]
Noun. kiss. Maman donne un grand **baiser** à Annie et lui souhaite une bonne nuit.

le balai [bal-eh]
Noun.
broom.

la balance [bal-AH-s]
Noun. scale. Le boucher pèse la viande sur la **balance**.

la balançoire
[bal-AH-swar]
Noun. swing.

le balcon [bal-kOH]
Noun. balcony.

la baleine
[bal-ehn]
Noun. whale.

la balle [bal]
Noun.
1. ball.
2. sphere.

le ballet [bal-eh]
Noun. ballet. Aujourd'hui Juliette va à son cours de **ballet**.

le ballon [ba-lOH]
Noun. **1.** big ball.
2. balloon.
Papa gonfle des **ballons** pour Annie.

la banane [ba-nan]
Noun.
banana.

le banc [bAH]
Noun. bench. Jean et Ali sont assis sur un **banc** dans le parc et mangent des sandwichs.

le bandage [bAH-da-zh]
Noun.
bandage.
Papa a mis
un **bandage**
autour de son doigt qui saignait.

la bande dessinée, la B.D.
[bAHd day-see-nay, bay-day]
Noun. comic strip. Ali était trop
occupé à lire une **B.D.** pour
remarquer que Jean mettait un ver
dans sa poche.

la banque [bAHk]
Noun. bank. Papa va à la **banque**
pour chercher de l'argent.

le bar [bar]
Noun. bar. Papa boit un verre de
bière au **bar**.

la barbe [barb]
Noun. beard.
Papa a une
barbe, mais oncle Fernand n'en a
pas.

la barque [bark]
Noun.
boat.

la barre [bar]
Noun. **1.** rod. Les cambrioleurs
ont utilisé une **barre** de fer pour
ouvrir la porte.
2. bar. Ali mange une **barre** de
chocolat.

le bas [bah]
Noun. stocking.

bas, basse [bah, bahs]
I. *Adjective.* **1.** low. **2.** soft.
II. *Adverb* **en bas 1.** below. Pépé est
en bas, il lit le journal. **2.** downstairs.
«Venez **en bas** les enfants! Il est
temps de manger», dit maman.

la bascule [bas-kewl]
Noun.
seesaw.

le bateau [bat-oh]
Noun.
1. boat.
2. ship.

le bâton [bat-OH]
Noun. stick. Jean lance un **bâton**
pour que Pipo l'attrape.

la batterie [bat-ree]
Noun. **1.** battery. **2.** drums.
Le cousin de Jean et de Juliette
joue de la **batterie** dans un
groupe.

battre [batr]
Verb. **1.** to defeat. La France va-t-elle
battre l'Allemagne au match de
football de ce soir? Juliette sent son
coeur **battre** plus vite, quand elle voit
que le facteur apporte un paquet.
2. se battre to fight. Jean **se bat**
rarement avec d'autres élèves.

bavarder [ba-var-day]
Verb. to chat. Maman **bavarde**
avec la voisine dans la rue.

beau, bel, belle [boh, behl, behl]
Adjective. **1.** beautiful. Le temps est
assez **beau** pour faire un pique-
nique. **2.** lovely. Juliette est une
belle fille.

beaucoup [boh-koo]
Adverb. **1.** much. Juliette pense que
l'anglais est **beaucoup** plus facile
que l'allemand.
2. many.
Pépé cultive
beaucoup
de légumes
dans le jardin.

beauté

la beauté [boh-tay]
Noun. beauty.

le bébé [bay-bay]
Noun.
baby.
Tante Sarah
a eu un **bébé**.

le bec [behk]
Noun. beak.

le beignet [beh-ny-eh]
Noun.
donut.

belge [behl-zh]
I. *Adjective.* Belgian.
II. *Noun.* **le, la Belge** Belgian *(male, female).*

la Belgique [behl-zh-eek]
Noun. Belgium.

le berceau [behr-so]
Noun.
cradle.

le berger [behr-zh-ay]
Noun.
shepherd.

le besoin [be-zwEH]
Noun. **avoir besoin de quelque chose** to need something. Jean **a besoin d**'une paire de chaussures neuves.

bête [beht]
I. *Adjective.* dumb. «Pipo est vraiment **bête**, il essaie d'attraper sa queue», dit maman en riant.
II. *Noun.* **la bête** beast.

le beurre [bur]
Noun.
butter.

la bibliothèque [bee-blee-yut-ehk]
Noun. library. Jean a emprunté un livre sur les insectes à la **bibliothèque**.

la bicyclette
[bee-see-kleht]
Noun. bicycle.

bien [byEH]
Adverb. **1.** well. **2. je vais bien** I am well. **3. bien des** many. Il y a **bien des** années, pépé allait aussi à l'école. **4. bien sûr** of course. «Peux-tu m'aider à faire mes devoirs, s'il te plaît?» demande Jean. - «**Bien sûr!**» répond papa.

bientôt [byEH-toh]
Adverb. soon. Papa va **bientôt** rentrer du travail.

bienvenu, bienvenue [byEH-vnew]
Adjective. welcome. «**Bienvenu** à la maison, pépé!» crient les enfants.

la bière [byehr]
Noun. beer.

le bijou, les bijoux [bee-zh-oo]
Noun. **1.** precious stone.
2. les bijoux
jewels.
Mémé a mis
ses plus beaux
bijoux pour aller
au concert.

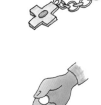

la bille [bee-y]
Noun.
marble.
Jean aime
jouer aux **billes**.

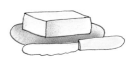

le billet [bee-yeh]
Noun.
1. note.
Jean a laissé
un **billet** sur
la table pour
dire qu'il était
chez Ali.

2. admission ticket. Papa a acheté deux **billets** pour le match de dimanche prochain. 3. travel ticket. Tante Sarah a acheté son **billet** de train à la gare. **4. le billet de banque** currency.

le biscuit [bees-kew-ee]
Noun. cookie. Ali a mangé trop de **biscuits** et maintenant il se sent mal.

le bistrot [beess-troh]
Noun. pub.

blanc, blanche [blAH, blAHsh]
Adjective. white.

blesser [bless-ay]
Verb. 1. to hurt. Deux personnes ont été **blessées** dans cet accident.
2. se blesser to hurt oneself. Annie est tombée et s'est **blessée.**

bleu, bleue [bluh]
Adjective. blue.

le bloc de bois [bluk de bwa]
Noun. wooden
block.

blond, blonde [blOH, blOHd]
Adjective. blond. Maman est **blonde.**

la blouse [blooz]
Noun.
blouse.

le boeuf [buf]
Noun. 1. ox.
2. beef.

boire [bwar]
Verb. to drink. «Que voulez-vous **boire?**» demande mémé.

le bois [bwa]
Noun. 1. wood. Cette table est faite en **bois**. 2. woods. Faites attention de ne pas vous perdre dans le **bois**.

la boîte [bwat]
Noun. 1. box carton.
2. tin can.
3. la boîte aux lettres mail box.

le bol [bul]
Noun.
bowl.

bon, bonne [bOH, bun]
Adjective. good. Pipo est un **bon** chien.

le bonbon
[bOH-bOH]
Noun. candy.

le bonhomme de neige [bu-num de neh-zh]
Noun. snowman. Le **bonhomme de neige** que Jean a fait dans le jardin commence à fondre.

bonjour [bOH-zh-oor]
Interjection. Good day, hello.

le bonnet [bun-eh]
Noun. cap.

bonsoir [bOH-swar]
Interjection. Good evening.

le bord [bor]
Noun. 1. edge. Juliette se tenait au **bord** de la piscine.
2. au bord de la mer seashore.
3. le bord du trottoir curb.

botte

la botte [but]
Noun. **1.** boot.
2. la botte en caoutchouc
rubber boot
Jean porte des **bottes en caoutchouc** car il pleut.

la bouche [boosh]
Noun. mouth. «Ne parle pas la **bouche** pleine, s'il te plaît!» dit maman à Jean.

le boucher, la bouchère
[boos-hay, -ehr]
Noun. butcher (man, woman).
Le **boucher** donne un os à Pipo.

la boucherie [boosh-ree]
Noun. butcher shop. Maman a acheté du boeuf et des saucisses à la **boucherie**.

le bouchon [boosh-OH]
Noun.
1. bottle cork. **2.** traffic jam.

la boucle d'oreille [bookl do-reh-y]
Noun. earring.

bouclé, bouclée
[book-lay]
Adjective. curly.
Les cheveux **bouclés**.

la boue [boo]
Noun.
mud.
Les chaussures d'Ali étaient couvertes de

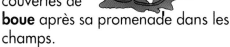

boue après sa promenade dans les champs.

bouger [boo-zh-ay]
Verb. **1.** to move. **2.** to move oneself. «Haut les mains! Que personne ne **bouge**!» crie le voleur.

la bougie [boo-zh-ee]
Noun.
candle.
Juliette souffle les **bougies** de son gâteau d'anniversaire.

bouillir [boo-yeer]
Verb. to boil. Mémé fait **bouillir** de l'eau pour le thé.

le boulanger, la boulangère
[bool-AH-zh-ay, -ehr]
Noun.
baker (man, woman).

la boulangerie
[bool-AH-zh-ree] *Noun.* bakery shop.

la boule de neige [bool de neh-zh]
Noun. snowball.
Jean et Ali lancent des **boules de neige** au voisin.

le bouquet [book-eh]
Noun. posy.
Pour son anniversaire, les enfants offrent un **bouquet** de fleurs à maman.

la bourse [boors]
Noun.
purse.

le bout [boo]
Noun. **1.** end piece. «Puis-je avoir un **bout** de chocolat?» demande Annie. **2.** end. Jean a vu Ali au **bout** de la rue.

la bouteille [boo-tay]
Noun.
bottle.

la boutique [boo-teek]
Noun. **1.** shop. **2.** stand, stall.

le bouton [boo-tOH]
Noun. **1.** button. Jean a perdu un **bouton** de sa veste.
2. flower bud.

le boxeur [buks-ur]
Noun.
boxer.

la branche [brAHsh]
Noun. branch.

le bras [bra]
Noun.
arm.

briller [bree-yay]
Verb. **1.** to gleam. **2.** to shine.
Le soleil **brille** aujourd'hui.

la brique [breek]
Noun. brick. La maison est
construite en **briques**.

briser [bree-zay]
Verb. to break. La branche va se
briser si Ali continue de s'y
accrocher.

la brosse [bruss]
Noun.
1. brush.

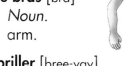

Juliette utilise une **brosse** pour faire
la toilette de Minouche.
**2. la brosse
à dents**
toothbrush.

brosser [bruss-ay]
Verb. **1.** to brush. Jean oublie
souvent de **brosser** ses chaussures.
2. se brosser les dents to brush one's
teeth. Jean et Juliette **se brossent
les dents** tous les soirs avant de se
coucher.

la brouette [broo-eht]
Noun.
wheelbarrow.

le brouillard [broo-yar]
Noun. fog. Papa devait rouler très
lentement parce qu'il y avait du
brouillard.

le bruit [brew-ee]
Noun. **1.** sound. Jean a entendu
des **bruits** bizarres dans le garage.
2. noise. «Arrêtez ce **bruit**!» dit
papa.

brûler [brew-lay]
Verb. **1.** to burn. Les pompiers sont
arrivés lorsque le toit de la maison
commençait à **brûler**.
2. to burn oneself. Pépé s'est **brûlé**
les doigts en essayant de faire du feu.
3. to scorch. Papa a laissé **brûler**
les saucisses.

brun, brune
[brUH, brewn]
Adjective. brown.

le buisson
[bwee-sOH]
Noun. bush.

le bulldozer [bewl-duz-ehr]
Noun. bulldozer.

la bulle [bewl]
Noun. bubble. Jean fait des **bulles**
de savon dans son bain.

le bulletin [bewl-tEH]
Noun. bulletin.

le bureau [bew-roh]
Noun.
1. office.
2. writing desk.
Assis à son **bureau**,
papa écrit une lettre.

but

le but [bew]
Noun. **1.** objective. **2.** goal.
La foule applaudit quand un **but** est marqué.

C

Ça [sa]
Pronoun. **1.** that. «Qu'est-ce que c'est que **ça**?» a demandé Annie. «**Ça**? **C**'est un petit escargot,» a répondu papa. **2. Ça va** okay.

la cabane [ka-ban]
Noun.
hut.

la cacahouète
[ka-ka-wet]
Noun. peanut.

cacher [ka-shay]
Verb.
1. to hide.
Pipo a **caché** la pantoufle de pépé dans le jardin.
2. se cacher to hide oneself.
Annie **se cache** derrière la porte.

le cache-cache [kash kash]
Noun. hide-and-seek.
Les enfants jouent à **cache-cache** dans le jardin.

le cadeau
[ka-doh]
Noun. present.

le caddie [ka-dee]
Noun.
shopping cart.
Annie aime se

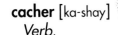

mettre dans le **caddie** quand maman fait les courses.

le café [ka-fay]
Noun. **1.** coffee. Papa boit seulement une tasse de **café** au petit déjeuner. **2.** café (shop).

la cage [ka-zh]
Noun.
cage.
Le lapin de Sylvie dort dans sa **cage**.

le cahier [ka-yay]
Noun.
1. notebook.
2. le cahier d'exercices workbook.

la calculatrice de poche
[kal-kew-la-treess de push]
Noun.
pocket calculator.

le calendrier
[ka-lAH-dree-yay]
Noun. calendar.

calme [kalm]
Adjective. quiet. Les Martin habitent dans une rue **calme** où il n'y a pas beaucoup de circulation.

le cambrioleur [kAH-bree-yul-ur]
Noun. burglar.
Les **cambrioleurs** sont venus dans la nuit et ont volé la télé et le magnétoscope.

la caméra [ka-may-rah]
Noun. camera.

le camion [kam-yOH]
Noun.
truck.

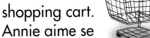

la camionnette
[kam-yun-eht]
Noun. delivery van.

la campagne
[kAH-pa-ny]
Noun. countryside. Maman achète les oeufs à une ferme à la **campagne**.

camper [kAH-pay]
Verb. to camp. Cet été la famille Martin va **camper** dans le sud de la France.

le camping
[kAH-peen]
Noun.
camping area.
Un petit **camping** près d'un lac.

le Canada [ka-na-da]
Noun. Canada.

canadien, canadienne
[ka-nad-yEH, -yehn]
I. *Adjective.* Canadian.
II. *Noun.* **le Canadien, la Canadienne** Canadian *(male, female)*

le canapé
[ka-na-pay]
Noun. sofa.

le canard
[ka-nar]
Noun. duck.

le caneton [kan-tOH]
Noun. duckling.

le canif [ka-neef]
Noun.
pocketknife.
Pépé a utilisé
un **canif** pour
couper la corde.

la canne [kan]
Noun. cane.

le capitaine [ka-pee-tehn]
Noun. captain. Jean rêve souvent d'être le **capitaine** d'un grand bateau.

car [kar]
Conjunction. because. Mémé met ses lunettes pour lire, **car** elle voit mal.

la carotte [karut]
Noun.
carrot.

le carré [ka-ray]
I. *Noun.* square. **II.** *Adjective.*
carré, carrée square-shaped.

le carrousel [ka-roo-sehl]
Noun.
merry-go-round.

le cartable [kar-tabl]
Noun.
school bag.
Le **cartable** de
Juliette est déchiré, car elle y a mis trop de livres.

la carte [kart]
Noun.
1. card.
Juliette a déjà
reçu beaucoup
de **cartes** pour son anniversaire.
2. la carte postale post card.
3. map. Il y a une **carte** du monde accrochée au mur de la salle de classe.

le carton [kar-tOH]
Noun. **1.** carton. **2.** box. Pipo a fait tomber le **carton** de chaussures sur le sol.

le casque [kask]
Noun. helmet. Il faut porter un **casque** pour rouler en moto.

la casquette [kas-keht]
Noun. cap.

casser [ka-say]
Verb. to break. Jean vient de **casser** le vase préféré de maman.

la casserole [kas-rul]
Noun. casserole. Maman fait bouillir du lait dans une **casserole**.

la cave [kav]
Noun. cellar.

la caverne [ka-vehrn]
Noun. cave, cavern.

ce, cet, cette, ces [se, seht, seht, say]
Adjectives. this, this, this, these. «Peux-tu me lire **cette** histoire, s'il te plaît?» demande Annie.

ce, c' [se, s']
Pronoun. it. «Qui est-**ce**?» demande papa. «**C'**est Mme Durand», dit Jean.

ceci [se-see]
Pronoun. this. «A quoi sert **ceci**?» demande Jean en montrant un outil.

la ceinture [sEH-tewr]
Noun.
1. belt.
2. la ceinture de sécurité safety belt. Il faut toujours mettre la **ceinture de sécurité** en voiture.

cela [sla]
Pronoun. **1.** that. Annie a cassé un oeuf. «**Cela** ne fait rien, j'en ai encore assez pour faire le gâteau», dit maman.

célèbre [say-leh-bre]
Adjective. famous. Sylvie raconte à Juliette qu'elle a vu un acteur **célèbre** dans un restaurant à Paris.

celui, celle, ceux, celles [se-lew-ee, sehl, suh, sehl]
Pronouns. the one, the one, the ones, the ones. La poupée préférée d'Annie est **celle** que mémé lui a offerte pour Noël.

celui-ci, celui-là [se-lew-ee-see, -la]
Pronouns. this one, that one.

cent [sAH]
Adjective. one hundred.

le centre [sAH-tr]
Noun. **1.** center. Maman a pris le bus pour aller au **centre** de la ville. **2. le centre commercial** shopping center. Il y a beaucoup de magasins dans ce **centre commercial**.

le cercle [sehr-kl]
Noun. circle.

le cerf [sehr]
Noun. stag. Il y a beaucoup de **cerfs** dans les bois.

le cerf-volant [sehr-vu-lAH]
Noun. kite. Jean fait voler son nouveau **cerf-volant** sur la plage.

la cerise [sreez]
Noun. cherry. Les enfants aident papa à cueillir des **cerises** dans le jardin.

certain, certaine [sehr-tEH, -tehn]
Adjective. **1.** sure. «Es-tu **certain** d'avoir éteint la lumière?» demande maman. **2. certains, certaines** certain. **Certaines** amies de Juliette viendront à sa fête.

certainement [sehr-tehn-mAH]
Adverb. certainly. Aujourd'hui le professeur est toujours malade, mais il reviendra **certainement** demain.

chacun, chacune [sha-kUH, -kewn]
Pronoun. each one.
Chacun sait que les baleines ne sont pas des poissons.

la chaîne [sh-ehn]
Noun.
chain.
Jean met Pipo à la **chaîne** parce qu'il a mordu le facteur.

la chaise [sh-ehz]
Noun.
chair.

la chaleur [sha-lur]
Noun. heat. La **chaleur** de midi est tellement insupportable pour Pipo qu'il est allé se coucher à l'ombre.

la chambre [sh-AH-br]
Noun. **1.** room. Les enfants des Martin ont des **chambres** séparées.
2. la chambre à coucher bedroom.

le chameau
[sha-moh]
Noun. camel.

le champ [shAH]
Noun. field.
Dans le **champ**, les agneaux jouent près de leur mère.

le champignon [shAH-pee-ny-OH]
Noun.
mushroom.

la chance [shAHs]
Noun. **1.** chance. **2.** luck.
3. Bonne chance! Good luck! Avant son examen de danse, mémé a souhaité **bonne chance** à Juliette.
4. avoir de la chance to be lucky.

changer [shAH-zh-ay]
Verb. **1.** to exchange. Avant d'aller en Allemagne, papa **change** de l'argent à la banque. **2.** to change. Oncle Fernand a **changé** depuis la dernière fois que Jean l'a vu: il s'est laissé pousser la barbe. **3.** to change one's clothes. Jean a dû **se changer** après être tombé dans la rivière. **4.** to transfer. Pour aller au stade, il faut **changer** de bus deux fois.

la chanson [shAH-sOH]
Noun. song.

le chant [shAH]
Noun. **1.** song. **2.** singing.

chanter [shAH-tay]
Verb. to sing. Papa aime **chanter** dans son bain.

**le chanteur,
la chanteuse**
[shAH-tur,
shAH-tuhz]
Noun. singer
(male, female)

le chapeau [sha-poh]
Noun.
hat.
Mémé porte
un **chapeau**
aujourd'hui.

31

C

chaque

chaque [shak]
Adjective. **1.** each.
Chaque enfant a reçu une part de gâteau à la fête de Juliette.
2. chaque fois each time.
Chaque fois que Jean et Pipo vont se promener, ils rentrent couverts de boue.

la charcuterie [shar-kew-tree]
Noun. delicatessen.

charmant, charmante [sharmAH, sharmAHt]
Adjective. charming.

chasser [sha-say]
Verb. to chase. Minouche aime **chasser** les souris.

le chat [sha]
Noun.
cat.
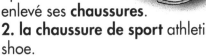
Minouche est le **chat** de la famille.

le château [sha-toh]
Noun.
castle.
La reine habite un grand **château**.

chaud, chaude [shoh, shohd]
Adjective. **1.** warm. Ali n'aime pas quand il fait très **chaud** en été.
2. hot. Jean aime boire une tasse de chocolat **chaud** en hiver.

le chauffage [shoh-fazh]
Noun. heating.

chauffer [shoh-fay]
Verb. to heat.

la chaussette [shoh-seht]
Noun. sock.
Ali a un trou à sa **chaussette**.

la chaussure [shoh-sewr]
Noun.
1. shoe.
A la maison papa met toujours ses pantoufles après avoir enlevé ses **chaussures**.
2. la chaussure de sport athletic shoe.

la chauve-souris [shohv soo-ree]
Noun. bat (animal)

le chef [sh-ehf]
Noun.
1. chief.
2. le chef d'orchestre orchestra conductor.

le chemin [shmEH]
Noun. **1.** road. «Pouvez-vous me montrer le **chemin** pour aller à la poste?» demande l'étranger. **2. le chemin de fer** railroad.

la cheminée [shmee-nay]
Noun.
1. chimney stack.
Un gros nuage de fumée sortait de la **cheminée** de l'usine. **2.** fireplace. La place favorite de Minouche est le fauteuil près de la **cheminée.**

la chemise [shmeez]
Noun. shirt.

le chemisier [shmeez-yay]
Noun. blouse.

la chenille [shnee-y]
Noun.
caterpillar.
Juliette regardait la **chenille** ramper sur le chou-fleur.

le chèque [sh-ehk]
Noun. check.

cher, chère [sh-ehr]
Adjective. **1.** expensive. «Nous ne pouvons pas acheter de nouvelle voiture, car elles sont trop **chères**», dit papa. **2.** dear. Juliette commence une lettre à sa tante par les mots: «**Chère** tante Sarah...».

chercher [sh-ehr-shay]
Verb. **1.** to look for. **2. aller chercher** to go get. Pipo **va** toujours **chercher** le bâton que lui lance Jean.
3. to go meet. Maman **va chercher** Annie à l'école maternelle à midi.

le chéri, la chérie [sh-ay-ree]
Noun. darling. «Viens me voir plus souvent, ma petite **chérie**», dit tante Sarah à Juliette.

le cheval, les chevaux [shval, shvoh]
Noun.
1. horse, horses.
2. le cheval à bascule rocking horse.

le chevalier [shval-yay]
Noun. knight. Jean joue au **chevalier** sur son vélo: il fait comme s'il était sur un cheval.

le cheveu, les cheveux [shvuh]
Noun. hair. Pépé et mémé ont les **cheveux** gris.

la cheville [shvee-y]
Noun.
ankle.

la chèvre [sh-ehvr]
Noun.
goat.

le chewing-gum [shween gum]
Noun. chewing gum.

chez [shay]
Preposition. at the home of.
Sylvie va passer les vacances de Pâques **chez** sa grand-mère.

chic [sheek]
Adjective. stylish.

le chien
[sh-yEH]
Noun. dog.
Pipo est le **chien** de la famille Martin.

le chiffre [sheefr]
Noun. number.

le chimpanzé [shEH-pAH-zay]
Noun.
chimpanzee.

la Chine
[sheen]
Noun. China.

chinois, chinoise [sheen-wa, -az]
I. *Adjective.* Chinese.
II. *Noun.* **1. le Chinois, la Chinoise** Chinese *(male, female).* **2. le chinois** Chinese language.

le chiot [sh-yoh]
Noun. puppy. Les Martin ont reçu Pipo quand il était encore un tout petit **chiot**.

les chips [sheep]
Noun, masculine.
potato chips. Ali mange toujours des **chips** à déjeuner.

le chocolat [shuk-u-la]
Noun. chocolate. Parfois, mémé achète une tablette de **chocolat** pour Jean et Juliette.

choisir [shwa-zeer]
Verb. **1.** to choose. Juliette a **choisi** un livre sur les chevaux à la bibliothèque. **2.** to select. «Tu peux **choisir** de la glace à la fraise ou bien au chocolat», dit maman.

la chorale [ko-ral]
Noun. choir.

la chose [sh-ohz]
Noun. thing. «Quelle est cette **chose** étrange là-bas, maman?» demande Annie.

le chou [shoo]
Noun. **1.** cabbage. Pépé est très fier des **choux** qui poussent dans son jardin.
2. le chou-fleur cauliflower.

chuchoter [shew-shut-ay]
Verb. to whisper.

la chute [shewt]
Noun. **1.** fall. **2. la chute d'eau** waterfall.

le ciel [sy-ehl]
Noun. sky. «Y a-t-il des anges dans le **ciel**?» demande Jean.

la cigale [see-gal]
Noun. cicada.

la cigogne [seegu-ny]
Noun. stork.

le cil [seel]
Noun. eyelash.

le cinéma [see-nay-ma]
Noun. cinema. «Qu'est-ce qu'il y a au **cinéma** aujourd'hui?» demande Ali.

cinq [sEHk]
Adjective. five.

cinquante [sEH-kAHt]
Adjective. fifty.

le cirage [see-ra-zh]
Noun. shoe polish.

la circulation [seer-kew-las-y-OH]
Noun. traffic. Le bus était en retard, il y avait trop de **circulation**.

le cirque [seerk]
Noun. circus.

les ciseaux [see-zoh]
Noun, masculine. scissors. Juliette utilise une paire de **ciseaux**.

le citron [see-trOH]
Noun. lemon.

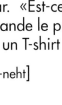

la citrouille [see-troo-y]
Noun. pumpkin.

clair, claire [klehr]
Adjective. **1.** clear. «Est-ce **clair**, les enfants?» demande le professeur.
2. light. Ali porte un T-shirt vert **clair**.

la clarinette [kla-ree-neht]
Noun. clarinet.

la classe [klas]
Noun. class (school). Juliette est la plus grande de sa **classe**.

la clé [klay]

Noun. key. Maman ne trouve pas les **clés** de la voiture.

la cloche [klush]

Noun.
bell.
Les **cloches**
de l'église
sonnent fort
le dimanche
matin.

la clôture [kloh-tewr]

Noun. fence.

le clou [kloo]

Noun.
nail.

le clown [kloon]

Noun.
clown.

le club [klub]

Noun. club. Maman a gagné un prix au **club** de tennis.

le coca [ku-ka]

Noun. cola.

la coccinelle

[kuk-see-nehl]

Noun. ladybug.

«Papa, viens voir, j'ai trouvé une **coccinelle** à six points sur le dos», crie Jean.

le cochon

[kush-OH]

Noun. **1.** pig.
2. le petit cochon piglet. **3. le cochon d'Inde** guinea pig.

le coeur [kur]

Noun. **1.** heart. **2. par coeur** by heart. Juliette connaît le poème **par coeur**.

le coffre [kufr]

Noun.
1. chest.
2. car trunk.

cogner [ku-ny-ay]

Verb. **1.** to bump. Annie s'est **cogné** la tête contre le bord de la table. **2.** to hit, to knock.

coiffer [kwa-fay]

Verb. to comb.

le coiffeur, la coiffeuse

[kwa-fur, -fuhz]
Noun.
hair stylist
(male, female).
Maman pense
que le **coiffeur**
a coupé les cheveux
de Jean trop court.

le coin [kwEH]

Noun. corner. Sylvie attendait Juliette au **coin** de la rue.

la colère [kul-ehr]

Noun. **1.** anger. **2. être en colère** to get angry.

collant, collante [kulAH, kulAHt]

Adjective. sticky. Les doigts de Jean sont **collants**, car ils sont couverts de confiture.

la colle [kul]

Noun. glue.

la collection [kul-ehks-yOH]

Noun. collection. Ali garde sa **collection** de dinosaures dans sa chambre.

collectionner [kul-ehks-yun-ay]

Verb. to collect. Ali **collectionne** les dinosaures.

coller

coller [ku-lay]
Verb. to glue. Juliette **colle** des photos dans son album.

le collier [kul-yay]
Noun. necklace.

la colline [ku-leen]
Noun. hill. Il y a une grande maison qui se trouve sur la **colline**.

la colombe [kul-OH-b]
Noun. dove.

combien [kOH-byEH]
Adverb. how much. «Ce livre coûte **combien**?» demande Sylvie au marchand.

commander [kum-AH-day]
Verb. **1.** to command. **2.** to order. Ali a **commandé** un grand morceau de gâteau avec de la crème.

comme [kum]
Conjunction. like, as. «**Comme** Pipo, ce chien a des poils longs», dit papa.

commencer [kum-AH-say]
Verb. to begin. Juliette veut regarder le film qui **commence** à huit heures.

comment [kumAH]
Adverb. how. **Comment** dit-on «merci» en allemand?

commode [kum-ud]
I. *Adjective.* convenient.
II. *Noun.* **la commode** chest of drawers. Cette **commode** est spacieuse.

comparer [kOH-pa-ray]
Verb. to compare. Le professeur demande à la classe de **comparer** les deux feuilles.

la compétition [kOH-pay-tee-sy-OH]
Noun. competition.

comprendre [kOH-prAH-dr]
Verb. **1.** to understand. Mémé ne **comprend** pas l'allemand.
2. to include. L'exercice de maths **comprend** trois questions.

compter [kOH-tay]
Verb. to count. Annie apprend à **compter**.

le concert [kOH-sehr]
Noun. concert. Toute la famille est allée au **concert** donné par l'orchestre de l'école.

le concombre [kOH-kOH-br]
Noun. cucumber.

le concours [kOH-koor]
Noun. contest.

le conducteur, la conductrice
[kOH-dewk-tur, la kOH-dewk-treess]
Noun. driver *(male, female).* La police a arrêté le **conducteur** parce qu'il roulait trop vite.

conduire [kOH-dew-eer]
Verb. **1.** to lead. Cette route **conduit** à la maternelle. **2. se conduire** to behave. «**Conduisez-vous** mieux!» gronde pépé.

la confiance [kOH-fy-AH-s]
Noun. **1.** confidence. **2. faire confiance à** to trust. «Tu peux **me faire confiance**, je ne le dirai à personne», dit Jean.

la confiture
[kOH-fee-tewr]
Noun. preserves.
Mémé fait de
la **confiture** avec les fruits de son propre jardin.

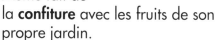

confortable [kOH-for-tabl]
Adjective. comfortable.

la connaissance [kun-eh-sAHs]
Noun. **1.** knowledge. **2. perdre connaissance** to faint.

connaître [kun-eh-tr]
Verb. to know (to be acquainted with)

conseiller [kOH-seh-yay]
Verb. to advise. Le docteur **conseille** au patient de rester au lit.

construire [kOH-strew-eer]
Verb. to build.
Annie **construit**
une tour
avec ses
blocs de
bois.

le conte de fées [kOHt de fay]
Noun. fairy tale. «Blanche Neige» est le **conte de fées** favori d'Annie.

contenir [kOH-teneer]
Verb. to contain. Cette boîte **contient** des chocolats pour maman.

content, contente [kOH-tAH, kOH-tAHt]
Adjective. **1.** content. Pipo est **content** de voir les enfants quand ils rentrent de l'école. **2.** glad.

continuer [kOH-teen-ew-ay]
Verb. **continuer de faire quelque chose** continue to do something. Il a commencé à pleuvoir, mais pépé **continue de** travailler dans le jardin.

le contraire [kOH-trehr]
Noun. **1.** opposite. «Froid» est le **contraire** de «chaud». **2. au contraire** on the contrary.

contre [kOH-tr]
I. *Preposition.* against. L'échelle est posée **contre** l'arbre.
II. *Adverb.* opposed. Jean veut sortir jouer avant de faire ses devoirs, mais maman est **contre**.

le contrôleur [kOH-tro-lur]
Noun. conductor.

le copain, la copine [ku-pEH, -peen]
Noun. close friend *(boy, girl)*

la copie [ku-pee]
Noun. copy. Le professeur a fait des **copies** des exercices et les a données aux élèves.

copier [kup-yay]
Verb. **1.** to duplicate. **2.** to copy. Parfois Jean **copie** les devoirs d'Ali.

le coq [kuk]
Noun.
rooster.

la coquille [kuk-ee-y]
Noun.
1. shell.
2. nutshell.

le corbeau [kor-boh]
Noun. crow.

la corde [kord]
Noun. **1.** rope.
2. la corde à sauter
jump rope.

la corne [korn]
Noun. horn. La chèvre essaie de pousser papa avec ses **cornes**.

la corneille
[korn-eh-y]
Noun. small crow.

le corps [kor]
Noun. body.

correct, correcte [kor-eh-kt]
Adjective. correct. Pour une fois, Jean donne une réponse **correcte** à la question du professeur.

corriger [kor-ee-zh-ay]
Verb. to correct. Le professeur **corrige** les devoirs des élèves.

le costume [kus-tewm]
Noun. **1.** costume. **2.** suit. Papa doit porter un **costume** au travail.

la côte [koht]
Noun.
1. coast.
2. seashore.

le côté [koh-tay]
I. *Noun.*
side.
En Grande-
Bretagne,
les voitures roulent sur le **côté** gauche.
II. *Adverb.* **à côté** next door. «Qui est Mme Dupont?» demande le facteur. «C'est notre voisine, elle habite **à côté**», répond Jean.
III. *Preposition.* **à côté de** next to. Juliette est assise **à côté de** maman.

la côtelette [koht-leht]
Noun. cutlet, chop.

le cou [koo]
Noun. neck. Le **cou** de la girafe est très long.

coucher [koo-shay]
I. *Verb.* **1. se coucher** to lie down. Pipo **s'est couché** sur le gazon.
2. être couché lying down. Jean **est couché** et dort dans son lit. **3. aller se coucher** to go to bed.
II. *Noun.*
le coucher du soleil
sunset.

le coude [kood]
Noun.
elbow.
Jean se frotte le **coude** après s'être cogné contre le lavabo.

coudre [koodr]
Verb. to sew. Maman a **cousu** une nouvelle robe pour Annie.

la couleur [koo-lur]
Noun. color. Le rouge est la **couleur** favorite de Juliette.

le couloir [kool-war]
Noun.
hallway.
Le professeur a dit aux enfants de ne pas courir dans le **couloir**.

le coup [koo]
Noun. blow, hit. Jean a reçu un **coup** sur la tête en tombant de son vélo.

couper [koo-pay]
Verb. to cut. Maman **coupe** douze morceaux de gâteau.

la cour [koor]
  Noun. yard.

le courant [koo-rAH]
  Noun. current, stream.

courir [koo-reer]
  Verb. to run. Jean **court** plus vite qu'Ali.

la couronne [koo-run]
  Noun.
  crown.

le cours [koor]
  Noun. course of study.

la course [koorss]
  Noun. **1.** race. Ali est arrivé dernier de la **course**. **2. faire les courses** to go shopping.

court, courte [koor, koort]
  Adjective. short. Juliette aime porter des jupes **courtes**.

le cousin, la cousine [koo-zEH, -zeen]
  Noun. cousin *(male, female)*

le coussin [koo-sEH]
  Noun.
  cushion.
  Mémé a
  besoin d'un
  autre **coussin**
  dans ce grand
  fauteuil.

le couteau [koo-toh]
  Noun.
  knife.

coûter [koo-tay]
  Verb. to cost. «Combien la bande dessinée a-t-elle **coûtée**?» demande Jean à Ali.

le couvercle [koo-vehr-kl]
  Noun.
  cover, lid.
  Jean n'arrive
  pas à ouvrir le
  couvercle du
  pot de confiture,
  il demande à papa de le faire pour lui.

la couverture [koo-vehr-tewr]
  Noun. blanket.

couvrir [koo-vreer]
  Verb. to cover. Avant de se coucher, maman **couvre** Annie pour qu'elle n'ait pas froid.

le cow-boy [ka-oh-bu-y]
  Noun. cowboy.
  Jean et Ali aiment jouer aux indiens et aux **cow-boys**.

le crabe [krahb]
  Noun.
  crab.
  Jean a trouvé
  un **crabe** sur
  la plage et
  l'a posé sur
  le ventre de
  papa.

la craie [kreh]
  Noun.
  chalk.
  Le professeur
  écrit au
  tableau avec
  une **craie**.

la cravate [kra-vat]
  Noun.
  necktie.
  Papa porte
  sa nouvelle
  cravate aujourd'hui.

le crayon [kreh-yOH]
Noun.
1. pencil.
2. **le crayon de couleur** colored pencil. 3. **le crayon-feutre** felt-tipped pen.

la crème [krehm]
Noun.
cream.
Juliette aime le chocolat chaud avec de la **crème**.

creuser [kruh-zay]
Verb. to dig.
Papa **creuse** un trou dans le jardin pour planter un arbre.

crier [kree-yay]
Verb. to shout. Jean **criait** au secours au sommet de l'arbre.

le crocodile
[kru-ku-deel]
Noun. crocodile.

croire [krwar]
Verb. 1. to believe. «Je **crois** qu'il va pleuvoir», dit maman. 2. **croire à quelque chose** to believe in something. **Croyez**-vous **aux** fantômes?

croiser [krwa-zay]
Verb. 1. to cross. 2. to come across. Maman a **croisé** Mme Dupont à la poste.

le croissant [krwa-sAH]
Noun.
croissant.

la croix [krwa]
Noun. cross. Il y a une **croix** sur la tour de l'église.

la crosse de hockey [krus-de-uk-eh]
Noun. hockey stick.

cru, crue [krew]
Adjective. raw. Annie mange une carotte **crue**.

cruel, cruelle [krew-ehl]
Adjective. cruel. Certaines personnes pensent qu'il est **cruel** de garder des animaux en cage.

cueillir [kuh-yeer]
Verb.
to pick.
Papa
cueille des poires dans le jardin.

la cuillère [kew-ee-yehr]
Noun.
spoon.

le cuir [kew-eer]
Noun. leather.

cuire [kew-eer]
Verb. 1. to cook. 2. **cuire au four** to bake.

la cuisine [kew-ee-zeen]
Noun. 1. kitchen. On remarque que papa est passé par la **cuisine**, il a laissé brûler les toasts. 2. **faire la cuisine** to cook. Papa **fait la cuisine** ce soir.

le cuisinier [kew-ee-zee-ny-ay]
Noun.
cook *(man)*.
Le cuisinier porte un grand chapeau blanc.

la cuisinière [kew-ee-zee-ny-ehr]
Noun. 1. cook *(woman)*. 2. stove.

la culotte [kew-lut]
Noun.
1. pants.
2. les culottes courtes shorts.

cultiver [kewl-tee-vay]
Verb. cultivate. Pépé **cultive** aussi des haricots dans son jardin.

curieux, curieuse [kewr-yuh, -yuhz]
Adjective. **1.** curious. Jean était **curieux** de savoir ce que papa faisait dans le garage. **2.** anxious. «Je suis **curieuse** de voir la réaction de Juliette quand elle verra son cadeau», dit maman.

le cygne [see-ny]
Noun.
swan.

D

d'abord [da-bor]
Adverb. first. Les enfants doivent **d'abord** faire leurs devoirs avant de sortir pour jouer.

la dame [dam]
Noun. lady.

le Danemark [dan-mark]
Noun. Denmark.

le danger [dAH-zh-ay]
Noun. danger. Le panneau près de la rivière indique: «**Danger**: eau profonde».

dangereux, dangereuse [dAH-zh-ruh, -ruhz]
Adjective. dangerous. Il est **dangereux** de traverser la rue sans regarder à droite et à gauche.

danois, danoise [dan-wa, -waz]
I. *Adjective.* Danish.
II. *Noun.* **1. le Danois, la Danoise** Dane *(male, female).* **2. le danois** Danish language.

dans [dAH]
Preposition. in. Jean est tombé **dans** la rivière. Papa veut acheter une nouvelle voiture **dans** deux ans.

la danse [dAHs]
Noun. dance.

danser [dAH-say]
Verb. to dance. Maman aime **danser**, mais pas papa.

le danseur, la danseuse [dAH-sur, -suhz]
Noun.
dancer *(male, female).*

la date [dat]
Noun. date. «Quelle est la **date** aujourd'hui?» demande Jean.

de [de]
Preposition. **1.** from. La lettre vient **de** tante Sarah. **2.** of. Les kangourous viennent **d'**Australie. **3. de...à** from...to. Pépé a travaillé dans le jardin **de** dix heures **à** midi.

le dé [day]
Noun.
dice.

41

débarrasser [day-ba-ra-say]
Verb. **1.** to clear away. Maman **débarrasse** la table après le repas. **2. se débarrasser de** to get rid of. Pipo n'arrive pas à **se débarrasser d'**une abeille qui vole autour de sa tête.

debout [de-boo]
Adverb. **1. être debout** standing. Jean **est debout** dans le bus, il n'a pas trouvé de place. **2. se mettre debout** to stand up.

le début [day-bew]
Noun. **1.** beginning. **2. au début** at the beginning. Maman fait les courses **au début** de la semaine.

décembre [day-sAH-br]
Noun, masculine. December.

déchirer
[day-shee-ray]
Verb. to tear up.
Pipo a **déchiré**
la pantoufle
de pépé.

décider [day-see-day]
Verb. **1.** to decide. **2.** to settle. Jean et Ali **décident** de se rendre à la rivière en vélo. **3. se décider** to make up one's mind.

décorer [day-koray]
Verb.
1. to trim.
Tous les
enfants aident
à **décorer** le sapin de Noël.
2. to decorate. Maman **décore** le gâteau de Juliette.

découvrir [day-koo-vreer]
Verb. to discover.

déçu, déçue [day-sew]
Adjective. disappointed. Juliette est **déçue** car elle a eu une mauvaise note en allemand.

dedans [de-dAH]
Adverb. **1.** within. **2.** inside. «Venez **dedans**, c'est l'heure de manger,» a crié maman.

la défaite [day-feht]
Noun. defeat.

défendre [day-fAH-dr]
Verb. **1.** to forbid. Maman a **défendu** aux enfants de jouer dans la rue. **2.** to defend.

dehors [de-or]
Adverb. **1.** outside. Les enfants sont **dehors** et jouent dans la neige. **2. dehors!** out! «**Dehors**! Sors de la cuisine, Pipo!» crie maman.

déjà [day-zh-a]
Adverb. already. Sylvie a **déjà** fini ses devoirs.

déjeuner [day-zh-uh-nay]
I. *Verb.* to lunch.
II. *Noun.* **1. le déjeuner** lunch. **2. le petit déjeuner** breakfast. «Lève-toi maintenant, ou tu ne vas pas avoir le temps de prendre ton **petit déjeuner**!» dit maman à Jean.

délicieux, délicieuse [day-lees-yuh, -yuhz]
Adjective. delicious.
Les biscuits de
maman sont
vraiment
délicieux:
Ali en a déjà
mangé six!

demain [dem-EH]
Adverb. **1.** tomorrow. Juliette va à son cours de danse **demain**. **2.** **demain matin** tomorrow morning.

demander [de-mAH-day]
Verb. **1.** to ask. Juliette **demande** à papa si elle peut aller au cinéma avec Sylvie. **2.** to request. Le professeur **demande** aux élèves de se lever. **3. demander quelque chose** ask for something. Juliette **demande** un autre morceau de gâteau. **4. demander à quelqu'un de faire quelque chose** ask someone to do something. Maman **demande** à Jean **de** ranger sa chambre.

demi, demie [de-mee]
Adjective. half. L'école commence à huit heures et **demie**.

la dent [dAH]
Noun. tooth. «Brossez-vous les **dents** après chaque repas», recommande le dentiste.

le dentifrice [dAH-tee-freess]
Noun. toothpaste.

le, la dentiste [dAH-teest]
Noun. dentist *(male, female).* Personne n'aime aller chez le **dentiste**, mais si on ne le fait pas, on perd ses dents!

dépasser [day-pa-say]
Verb. to pass. Papa a **dépassé** un camion sur l'autoroute.

dépenser [day-pAH-say]
Verb. to spend. Ali a **dépensé** beaucoup d'argent pour un nouveau jeu-vidéo.

depuis [de-pew-ee]
I. *Preposition.* **1.** since. Ali attend Jean **depuis** trois heures. **2. depuis ...jusqu'à** from...until. **II.** *Conjunction.* **depuis que** since.

déranger [day-rAH-zh-ay]
Verb. to disturb. «S'il te plaît, ne **dérange** pas papa quand il travaille», dit maman.

dernier, dernière [dehr-ny-ay, -ehr]
Adjective. **1.** last. Ali a mangé le **dernier** biscuit qui était dans la boîte. **2. le dernier étage** the top floor.

derrière [dehr-yehr]
I. *Preposition.* behind. Annie se cache **derrière** l'arbre. **II.** *Adverb.* rear. Dans la voiture, les parents sont assis devant et les enfants sont assis **derrière**. **III.** *Noun.* **le derrière** behind. Papa glisse sur la glace et tombe sur le **derrière**.

des [day]
see **de**.
I. *Adjective.* **1.** some. Il y a **des** enfants qui jouent dans le parc. **II.** *Preposition.* **1.** from (the). En automne, les feuilles tombent **des** arbres. **2.** of (the) «Ne jouez pas dans le jardin **des** voisins», avertit maman.

désagréable [day-za-gray-abl]
Adjective. unpleasant.

descendre [day-sAH-dr]
Verb. **1.** to go down.
2. to get off. Mémé
descend du bus.

déshabiller [day-za-bee-yay]
Verb. **1.** to undress.
2. se déshabiller to undress oneself.

désirer [day-zee-ray]
Verb. to desire.

désolé, désolée [day-zul-ay]
Adjective. **je suis désolé** I am so
sorry. «**Je suis désolé**», a dit Jean
quand il a brisé le vase favori de
maman.

le désordre [day-zordr]
Noun. **1.** disorder. «Jean, as-tu vu
le **désordre** que tu as fait dans ta
chambre?» gronde maman.
2. en désordre in disorder.

le dessert [day-sehr]
Noun. dessert.

le dessin [day-sEH]
Noun.
1. drawing.
Jean a fait un
dessin de Pipo.
**2. le dessin
animé** animated
cartoon.

dessiner [day-see-nay]
Verb. to draw. Juliette **dessine** un
cheval.

dessous [de-soo]
I. *Adverb.* beneath. Le prix du livre
est marqué **dessous**.
II. *Noun.* **le dessous** underside.

dessus [de-sew]
I. *Adverb.* **1.** above. **2.** over.
II. le dessus *Noun.* **1.** upper part.
2. top.

détester [day-tehs-tay]
Verb. **1.** to hate. **2.** to detest.
Juliette **déteste** les araignées
et maman **déteste** repasser
le linge.

deux [duh]
Adjective. **1.** two. **2.** both. Les
deux enfants emmènent Pipo pour
une promenade. **3. tous, toutes (les)
deux** both of them. **Tous deux** sont
fatigués d'avoir fait une aussi longue
promenade avec Pipo.

deuxième [duz-yehm]
Adjective. second (of more than
two). Pipo est le **deuxième** chien de
la famille Martin.

devant [de-vAH]
I. *Preposition.* in front of.
Au magasin,
maman était
devant M.
Dupont dans
la file d'attente.
II. *Adverb.*
1. in front.
«Marchez **devant,**
les enfants» a dit
l'instituteur.
III. *Noun.* **le devant.** front.

développer [day-vlup-ay]
Verb. to develop. Papa a fait
développer des photos.

devenir [dev-neer]
Verb. to become.
Ali veut **devenir**
astronaute quand il sera grand.

deviner [de-vee-nay]
Verb. to guess. Ali n'a pas pu **deviner** ce que Jean cachait derrière son dos.

devoir [dev-war]
I. Verb. must, should. Maman **doit** encore faire sa valise avant de partir en vacances.
II. Noun. **le devoir 1.** duty.
2. homework. Jean doit faire ses **devoirs** avant de pouvoir aller à la fête.

le diable [dya-bl]
Noun. devil.

le diamant [dya-mAH]
Noun. diamond. Mémé a une bague avec un **diamant**.

le dictionnaire [deek-syun-ehr]
Noun. dictionary. «Si vous ne savez pas ce que veut dire «jumelles», regardez donc dans un **dictionnaire**», dit papa à Juliette.

le dieu, la déesse [dy-uh, day-ehs]
Noun. god, goddess.

la différence [dee-fay-rAHs]
Noun. difference.

différent, différente
[dee-fay-rAH, -rAHt]
Adjective. **1.** different. Il y a **différentes** sortes de fleurs qui poussent dans le jardin. **2.** various.

difficile [dee-fee-seel]
Adjective. difficult. Jean trouve l'exercice très **difficile**. C'est pourquoi Ali l'aide.

dimanche [dee-mAH-sh]
Noun, masculine. **1.** Sunday.
2. le dimanche on Sundays. La famille Martin va à l'église **le dimanche**.

la dinde [dEHd]
Noun. turkey. En France, les gens mangent de la **dinde** aux marrons à Noël.

dîner [dee-nay]
I. Verb. to have dinner.
II. Noun. **le dîner** dinner. Papa et maman ont invité des amis pour le **dîner**.

le dinosaure
[dee-nu-zor]
Noun. dinosaur. Ali a acheté un nouveau **dinosaure** en plastique au musée.

dire [deer]
Verb. to say. «J'ai neuf ans», **dit** Jean.

le directeur, la directrice
[dee-rehk-tur, -treess]
Noun. **1.** director (male, female).
2. le directeur de l'école school principal.

la direction [dee-rehk-sy-OH]
Noun. direction.

disputer [dees-pew-tay]
Verb. **1.** play (a game). Les deux équipes vont disputer un match de football. **2. se disputer** to argue.

le disque [deesk]
Noun. disk, record.

la distance [dees-tAHs]
Noun. distance.
La **distance** entre Paris et Nice est presque la même que celle entre Hambourg et Munich.

diviser [dee-vee-zay]
Verb.
to divide.
Maman a **divisé** le gâteau en six parts.

dix [deess]
Adjective. ten.

dix-huit [deez-ew-eet]
Adjective. eighteen.

dix-neuf [deez-nuf]
Adjective. nineteen.

dix-sept [dee-seht]
Adjective. seventeen.

le docteur [duk-tur]
Noun. doctor *(male, female).* Jean est tellement malade qu'il doit aller chez le **docteur.**

le doigt [dwa]
Noun.
finger.

le dommage [dum-a-zh]
Noun. **1.** damage. **2. (c'est) dommage!** too bad!

donc [dOHk]
Adverb. therefore. Il pleut, **donc** les enfants ne peuvent pas sortir.

donner [dun-ay]
Verb. to give. Maman a **donné** de l'argent à Juliette pour qu'elle s'achète une glace.

dont [dOH]
Pronoun. **1.** whose.
«Regarde, c'est la femme **dont** Pipo chasse toujours le chien!» chuchote Ali à Juliette. **2.** of whom. Les voisins ont quatre fils **dont** trois sont déjà à l'école.

dormir [dor-meer]
Verb. to sleep. Minouche **dort** devant la cheminée.

le dos [doh]
Noun. **1.** back. Papa a mal au **dos** après avoir travaillé dans le jardin. **2.** on the back. «Écrivez votre adresse au **dos** de l'enveloppe.»

double [doobl]
Adjective. double.

la douche [doosh]
Noun.
1. shower.
2. prendre une douche
to take a shower.

douter de [doo-tay de]
Verb. to doubt. Le professeur **doute du** succès de la pièce de théâtre parce que les élèves n'ont pas assez travaillé.

doux, douce [doo, dooss]
Adjective. **1.** sweet. **2.** soft. Le pelage de minouche est très **doux. 3.** gentle. Il faut être **doux** avec un bébé.

douze [dooz]
Adjective. twelve.

le drap [dra]
Noun. bedsheet.

le drapeau [dra-poh]

Noun. flag.
Il y avait un

drapeau qui flottait au sommet de la tour.

dresser [dreh-say]
Verb. **1.** to perk up. Pipo **dresse** les oreilles en entendant un bruit dans le garage. **2.** to train. Jean a dressé Pipo à rapporter le bâton.

droit, droite [drwa, drwat]
I. *Adjective.* **1.** right.
2. straight. «S'il vous plaît, tirez une ligne **droite** sur la feuille», dit le professeur.
II. *Adverb.* **1. tout droit** straight ahead. **2. à droite** to the right.
III. *Noun.* **la droite** right side.

drôle [drohl]
Adjective. **1.** amusing. Papa a raconté une histoire **drôle** qui a fait rire tout le monde. **2.** funny. «Je ne sais pas pourquoi, mais je me sens tout **drôle**», dit Ali après avoir mangé trop de gâteau.

du [dew]
see **de**. Annie mange **du** pain.

dur, dure [dewr]
I. *Adjective.* **1.** hard. Le banc du jardin est trop **dur** pour mémé, alors Juliette lui a apporté un coussin.
2. tough. Juliette trouvait que l'examen était très **dur**.
II. *Adverb.* hard. Jean doit travailler **dur** pour réussir son examen.

E

l'eau [oh]
Noun, feminine. **1.** water.

2. l'eau minérale
mineral water.

échapper [ay-shap-ay]
Verb. **1.** to get away. Minouche a laissé **échapper** la souris parce qu'elle a vu un papillon.
2. s'échapper to escape. Les voleurs **se sont échappés** dans une voiture volée.

une écharpe [ay-sharp]
Noun. scarf.

une échelle [ay-sh-ehl]
Noun. ladder. Papa doit monter sur une **échelle** pour aider Jean à descendre de l'arbre.

un éclair [ay-klehr]
Noun. lightning.

éclater [ay-kla-tay]
Verb. **1.** to burst. Jean a gonflé le ballon jusqu'à ce qu'il **éclate**.
2. to bang.

une école [ay-kul]
Noun. **1.** school. **2. aller à l'école** to go to school. Jean **va à l'école** avec Ali.

un écolier, une écolière [ay-kul-yay, -yehr]
Noun. schoolboy, schoolgirl.

écouter [ay-koo-tay]
Verb. **1.** to listen (to). Annie **écoute** pépé raconter une histoire. **2. écouter la radio** to listen to the radio.

écraser

écraser [ay-kra-zay]
Verb. to crush.

écrire [ay-kreer]
Verb. to write. Jean a **écrit** une carte postale à Ali.

un écureuil
[ay-kew-ru-y]
Noun. squirrel.

une écurie
[ay-kew-ree]
Noun. stable.

effacer [ay-fa-say]
Verb. **1.** to erase. Le professeur **efface** les additions du tableau.
2. to wipe out.

effrayer [ay-fray-yay]
Verb. to frighten. Jean **effraie** mémé en apparaissant tout à coup de derrière un buisson.

égal, égale, égaux [ay-gal, ay-gal, ay-go]
Adjective. equal. Les deux parts de gâteau étaient **égales**.

une église [ay-gleez]
Noun.
church.
La famille
va à l'**église**
le dimanche.

l'égout [ay-goo]
Noun, masculine. sewer.
Après avoir lavé la voiture, papa verse l'eau sale dans l'**égout.**

un élastique [ay-las-teek]
Noun. rubber band.

un électricien, une électricienne
[ay-lehk-tree-syEH, -sy-ehn]
Noun. electrician
(male, female).

l'électricité [ay-lehk-tree-see-tay]
Noun, feminine. electricity.

un éléphant [ay-lay-fAH]
Noun.
elephant.

un, une élève [ay-lehv]
Noun. pupil *(boy, girl).*
Il y a vingt-six **élèves** dans la classe de Jean.

élevé, élevée [ayl-vay]
Adjective. **1.** high. Le prix de cette paire de chaussures est trop **élevé**.
2. raised. De la fenêtre on peut voir une colline peu **élevée**.

élever [ayl-vay]
Verb. **1.** to raise.
2. s'**élever** to rise up.

elle [ehl]
Pronoun. **1.** she. Juliette est la soeur de Jean. **Elle** a douze ans. **2. elle-même** she herself. Maman pense que papa a de la chance d'aller à Rome; **elle-même** voudrait bien y aller.

elles [ehl]
Pronoun, feminine. they. Annie aime les cerises parce qu'**elles** sont amères.

embrasser [AH-bra-say]
Verb. **1.** to hug. **2.** to kiss.
Maman **embrasse** Annie et lui souhaite une bonne nuit.

emmener [AHm-nay]
Verb. to take along. Jean a **emmené** Ali à la fête.

empêcher [AH-peh-shay]
Verb. **1.** to prevent. Jean a fermé la porte du jardin pour **empêcher** Pipo d'aller courir dans la rue.
2. to hinder

un empereur [AH-prur]
Noun. emperor.

emporter [AH-por-tay]
Verb. to bring along. «**Emporte** ton parapluie - il va certainement pleuvoir», a dit maman à papa.

emprunter [AH-prUH-tay]
Verb. **1.** to borrow. Jean a **emprunté** cinq livres à la bibliothèque. **2.** make use of. Pour traverser la rue, vous devez **emprunter** le passage-piétons.

en [AH]
Preposition. **1.** in. **En** Suisse, il neige souvent **en** hiver. **2.** of. La table de la cuisine est **en** bois. **3.** while. **En** travaillant dans le jardin, pépé a trouvé des oeufs d'oiseau. **II.** *Pronoun.* **1.** of that. «Je vais m'acheter une nouvelle voiture, qu'**en** pensez-vous les enfants?» demande papa. **2.** some (of it). «Jean as-tu un peu d'argent?» demande Ali. «Oui, j'**en** ai», répond Jean.

encore [AH-kor]
Adverb. **1.** still. «Qui veut du gâteau? Il y en a **encore**», dit maman. **2.** again. Jean est **encore** en retard.

l'encre [AH-kr]
Noun, feminine. ink.

s'endormir [sAH-dor-meer]
Verb. fall asleep. Jean **s'est endormi** pendant la leçon.

un enfant [AH-fAH]
Noun. child.

enfin [AH-fEH]
Adverb. finally. Maman a dû attendre un quart d'heure au supermarché avant de pouvoir **enfin** payer.

enlever [AHl-vay]
Verb. **1.** to take away. **2.** to remove. **3.** to take off. «**Enlève** tes chaussures quand tu rentres», dit mémé.

un ennemi [ehn-mee]
Noun. enemy.

l'ennui [AH-new-ee]
Noun, masculine. boredom.

enrhumé, enrhumée [AH-rew-may]
Adjective. sick with a cold. Jean reste au lit parce qu'il est **enrhumé**.

enseigner [AH-say-ny-ay]
Verb. to teach. Mme Durand **enseigne** les maths.

ensemble [AH-sAH-bl]
Adverb. **1.** with each other. **2.** together. Jean et Ali jouent **ensemble** aux indiens et aux cow-boys.

entendre [AH-tAH-dr]
Verb. **1.** to hear. «**Entendez**-vous papa chanter dans son bain?» demande maman aux enfants. **2.** s'**entendre** to get along. Juliette et Sylvie **s'entendent** très bien.

enterrer [AH-tay-ray]
Verb. **1.** to inter. Juliette a **enterré** la souris morte sous l'arbre. **2.** to bury. Pipo **enterre** un os dans le jardin.

entier, entière [AHt-yay, -yehr]
Adjective. entire.
Annie a bu
un verre
entier de lait.

entre [AH-tr]
Preposition. **1.** between. A table,
Juliette est assise **entre** papa et
maman. **2.** among. Maman partage
le gâteau **entre** tous les enfants de la
famille.

une entrée
[AH-tray]
Noun. **1.** entrance. L'**entrée** de
la maison. **2.** hall. Pépé a enlevé
ses chaussures dans l'**entrée** avant
de passer au salon. **3.** appetizer.
«On peut manger la salade en
entrée», propose maman.

entrer [AH-tray]
Verb. **1.** to enter. Tout le monde
s'est retourné quand Annie est **entrée**
dans la pièce avec le plus beau
chapeau de mémé.
2. to come in, to go in.

une enveloppe
[AH-vlup]
Noun. envelope.

envelopper
[AH-vlup-ay]
Verb. to wrap.
Maman
enveloppe
le cadeau de
Juliette.

l'envie [AH-vee]
Noun, feminine. **1.** desire. «J'ai
vraiment **envie** d'un bout de
chocolat, et vous?» demande mémé.
**2. avoir envie de faire quelque
chose** to feel like doing something.

environ [AH-veer-OH]
I. *Adverb.* approximately.
II. *Noun, masculine.* **les environs**
suburbs. Oncle Fernand habite
dans **les environs** d'une grande
ville.

envoyer [AH-vwa-yay]
Verb. to send. Pour son
anniversaire, oncle Fernand et tante
Sarah ont **envoyé** une carte à
Juliette.

épais, épaisse [ay-peh, -pehs]
Adjective. thick.

une épaule [ay-pohl]
Noun. shoulder.

épeler [ay-play]
Verb. to spell. Jean ne sait pas
épeler le mot «rhinocéros».

les épinards [ay-pee-nar]
Noun, masculine. spinach.

une épingle [ay-pEH-gl]
Noun.
pin.

une éponge
[ay-pOH-zh]
Noun. sponge.

une équipe
[ay-keep]
Noun. team.

un escalier [ehs-kal-yay]
Noun. **1.** stairs. Annie est tombée
dans l'**escalier** et
s'est fait mal
au genou.
**2. un
escalier
roulant**
escalator.

un escargot
[ehs-kar-go]
Noun. snail.

l'espace [ehs-pas]
Noun, masculine. **1.** outer space.
2. space. Il y a assez d'**espace**
dans le garage pour la voiture et
les vélos.

l'Espagne
[ehs-pa-ny]
Noun, feminine.
Spain.

espagnol, espagnole [ehs-pa-ny-ul]
I. *Adjective.* Spanish.
II. *Noun.* **1.** **un Espagnol, une
Espagnole** Spanish *(male,
female).* **2.** **l'espagnol** Spanish
language.

une espèce [ehs-pehs]
Noun. species. Les aigles sont une
espèce d'oiseaux.

espérer [ehs-pay-ray]
Verb. to hope. «J'**espère** que Sylvie
pourra venir à ma fête», dit Juliette.

essayer [ay-say-yay]
Verb.
1. to try.
Pipo **essaie**
d'attraper les
saucisses sur
la table.
2. to try on. Juliette **essaie** une
nouvelle robe dans un magasin de
vêtements.

l'essence [ay-sAHs]
Noun, feminine. gasoline.

essuyer [ay-sew-ee-yay]
Verb. **1.** to wipe. Mémé **essuie** le lait
qu'Annie a renversé.

2. to wipe dry. Papa **essuie** la
vaisselle.

l'est [ehst]
*Noun,
masculine.*
East.

Le soleil se lève à l'**est** et se couche à
l'ouest.

une estrade [ehs-trad]
Noun. platform.

et [ay]
Conjunction. **1.** and. **2.** **et... et...**
both...and.

une étable [ay-tabl]
Noun. cowshed.

un étage [ay-ta-zh]
Noun. floor (level).

une étagère [ay-ta-zh-ehr]
Noun. shelf. Avec précaution,
mémé pose le vieux livre sur une
étagère.

un étang [ay-tAH]
Noun.
pond.

les Etats-Unis
[ay-ta-zew-nee]
*Noun,
masculine.*
United States.

l'été [ay-tay]
Noun, masculine. summer.
La famille Martin part toujours en
vacances en **été**.

éteindre [ay-tEH-dr]
Verb. **1.** to extinguish. Les pompiers
ont réussi à **éteindre** l'incendie.
2. to turn off. Après avoir souhaité
une bonne nuit à Annie, maman
éteint la lumière.

éteint, éteinte [ay-tEH, -tEHt]
Adjective. extinguished. La chambre
était sombre car la lumière était
éteinte.

éternuer [ay-tehr-new-ay]
Verb. to sneeze.

une étoile [ay-twal]
Noun.
star.

étonner [ay-tun-ay]
Verb. **1.** to astonish. **2. s'étonner
de** to be amazed at.

étrange [ay-trAH-zh]
Adjective. strange. Jean a entendu
des bruits **étranges** dans le garage.

étranger, étrangère
[ay-trAH-zh-ay, -ehr]
I. Adjective. **1.** foreign. **2.** strange.
II. *Noun.* **un étranger, une étrangère**
1. foreigner *(male, female)*.
2. stranger *(male, female)*.
3. l'étranger abroad. Cet été Ali va
à **l'étranger** avec sa famille.

être [ehtr]
Verb. to be. «Ce gâteau **est** très
bon», dit Ali.

étroit, étroite [ay-trwa, -trwat]
Adjective. narrow. La route est très
étroite.

un étudiant, une étudiante
[ay-tewd-yAH, -yAHt]
Noun. student *(boy, girl)*.

étudier [ay-tewd-yay]
Verb. to study. Le fils des voisins
étudie les mathématiques à
l'université.

l'Europe [uh-rup]
Noun,
feminine.
Europe.

européen, européenne
[uh-rup-ay-EH, -ehn]
I. *Adjective.* European.
II. *Noun.* **un Européen, une**
Européenne European *(male,*
female).

un évier [ayv-yay]
Noun.
wash basin.

éviter [ay-vee-tay]
Verb. to avoid. Jean fait semblant
de faire ses devoirs pour **éviter**
d'aider maman dans la cuisine.

exactement [ehg-zak-te-mAH]
Adverb. exactly. La cloche sonne
exactement à midi.

un examen [ehg-za-mEH]
Noun. examination. Tous les élèves
font un **examen**, certains vont le
réussir et d'autres vont le rater.

excellent, excellente
[ehks-ayl-AH, -AHt]
Adjective. excellent.
Le professeur
écrit «**excellent**»
au bas du
devoir de
Juliette.

une excuse
[ehks-kewz]
Noun. **1.** excuse..
Le professeur demande à Jean quelle
excuse il a cette fois pour ne pas
avoir fait ses devoirs.

s´excuser [sehks-kew-zay]
Verb. 1. to excuse oneself.
2. **Excusez-moi!** Excuse me!

un exemple [ehgz-AH-pl]
Noun. example.

un exercice [eghz-ehr-seess]
Noun. exercise. Jean demande à
Ali de l'aider à faire son **exercice**
de maths.

exister [ehg-zees-tay]
Verb. to exist. **il existe.** it exists.

expliquer [ehks-plee-kay]
Verb. to explain. Jean **explique**
pourquoi il n'a pas fait ses devoirs.

exprès [ehks-preh]
Adverb. intentionally.

extérieur, extérieure [ehks-tay-ree-yuhr]
Adjective. external.

extra [ehks-tra]
Adjective. super. La nouvelle voiture
de papa est vraiment **extra**.

F

la face [fahs]
I. Noun.
1. face.
2. side (of cassette).
II. Adverb. **en face de** opposite.
Il y a une boulangerie **en face de**
l'école de Jean.

fâché, fâchée
[fah-shay]
Adjective.
1. angry.
Juliette est **fâchée**,

car Jean a cassé son disque. **2. être
fâché contre**. to be angry with.

facile [fa-seel]
Adjective. easy. Au contraire de
Jean, Ali pensait que l'examen était
vraiment **facile**.

la façon [fa-sOH]
Noun. way.

le facteur [fak-tur]
Noun.
mail carrier.
Le **facteur**
apporte
toujours les
lettres à neuf
heures du
matin.

la facture [fak-tewr]
Noun. bill (to pay).

faible [feh-bl]
Adjective. weak.
Annie a la grippe et se sent **faible**.

la faim [fEH]
Noun. 1. hunger.
2. **avoir faim** to be hungry. Ali **a**
toujours **faim**!

faire [fehr]
Verb. 1. to make. Juliette et Jean
font leurs devoirs. 2. to do. «Si tu
n'as rien à **faire**, tu peux m'aider à
faire les courses», dit maman à Jean.
3. to make. Cinq et dix **font** quinze.
4. **il fait beau** the weather is fine.
5. **faire des économies** to save. Jean
fait des économies pour acheter un
nouveau vélo. 6. **faire mal** to harm.
7. **faire semblant de** to pretend.
Jean **faisait semblant de** faire ses
devoirs pour ne pas devoir aider
maman à la cuisine.

falloir [fal-war]
Verb. **1.** must. **Il faut que** papa travaille pour gagner de l'argent.
2. to need. **Il faut de** la farine pour faire du pain.

la famille [fa-mee-y]
Noun. family.

le fantôme
[fAH-tohm]
Noun. ghost.
Jean aime
lire des histoires
de **fantômes**, mais Annie déteste ça.

la farine [fa-reen]
Noun. flour.

fatigant [fa-tee-gAH]
Adjective. tiring.

fatigué, fatiguée [fa-tee-gay]
Adjective. tired.

le faucon [fo-kOH]
Noun. falcon, hawk.

se faufiler
[se fo-fee-lay]
Verb. to tiptoe.
Jean **se**
faufile dans
la cuisine
au milieu de la nuit et mange tous les biscuits.

il faut [eel-foh]
see **falloir**

la faute [foht]
Noun. mistake. Ali a fait trois **fautes** dans son devoir de français.

le fauteuil
[foh-tuh-y]
Noun. easy chair.

le fauteuil à bascule
[foh-tuh-y a bas-kewl]
Noun.
rocking chair.
Mémé aime
bien passer
la soirée dans
son **fauteuil à**
bascule.

faux, fausse [foh, fohss]
Adjective. false. La réponse que Jean a trouvée est **fausse**.

favori, favorite [fa-vo-ree, -reet]
Adjective. favorite. La glace est le dessert **favori** de Juliette.

la fée [fay]
Noun.
fairy.

la félicitation [fay-lee-see-tas-yOH]
Noun. congratulations.

féliciter [fay-lee-see-tay]
Verb. to congratulate.

la femme [fam]
Noun. **1.** woman. Il y avait deux **femmes** qui attendaient le bus.
2. wife.

la fenêtre [fneh-tr]
Noun.
window.

le fer [fehr]
Noun. **1.** iron.
2. le fer à
repasser
flatiron.

«Ne touche pas le **fer à repasser**, il est encore chaud!» avertit maman.

la ferme [fehrm]
Noun.
farm.
Maman
achète
toujours
le lait et
les oeufs à
la **ferme**.

fermer [fehr-may]
Verb. **1.** to close. Quelqu'un avait oublié de **fermer** la porte.
2. fermer à clé to lock. Avant de se coucher, papa **ferme** toujours la porte de la maison **à clé**.

la fermeture éclair [fehrm-tewr ay-klehr]
Noun.
zipper.

le fermier
[fehrm-yay]
Noun. farmer.

féroce [fay-russ]
Adjective. ferocious, savage. Pipo n'est pas aussi **féroce** qu'un tigre, mais le facteur a quand même peur de lui.

le ferry [fehr-ee]
Noun.
ferryboat.
Pour se
rendre sur l'île, il faut prendre le **ferry**.

la fête [feht]
Noun. party. Juliette aura une grande **fête** pour son anniversaire.

le feu [fuh]
Noun.
1. fire.

2. le feu d'artifice
fireworks.
En France,
il y a des
feux d'artifice
le 1er janvier
et le 14 juillet.

3. les feux
traffic light.
Papa a
dû s'arrêter
car les
feux sont
passés au
rouge.

la feuille [fu-y]
Noun.
leaf.

le feutre [fuh-tr]
Noun.
1. felt.
2. felt marker.

février [fay-vree-yay]
Noun, masculine. February.

la ficelle [fee-sehl]
Noun. string.

fier, fière [fy-ehr]
Adjective. proud. Sylvie est très **fière** d'avoir gagné le premier prix de musique de l'école.

la fièvre [fy-ehvr]
Noun.
1. fever.
**2. avoir de
la fièvre**
to have a fever.
Juliette a de la fièvre et doit rester au lit.

la figure [feeg-ewr]
Noun. **1.** face. **2.** figure.

la file [feel]
Noun. **1.** line. **2. la file d'attente**
waiting line.

le filet [feel-eh]
Noun.
net.

la fille [fee-y]
Noun. **1.** girl.
2. daughter. Juliette et Annie sont les
filles de Monsieur et Madame
Martin.

le film [feelm]
Noun.
film.

le fils [feess]
Noun. son. Jean est le **fils** de
Monsieur et Madame Martin.

la fin [fEH]
Noun. end.

fin, fine [fEH, feen]
Adjective. fine, delicate.

finir [fee-neer]
Verb. **1.** to complete. «**Finis** tes
devoirs avant de sortir», dit maman.
2. to finish. Jean et Juliette **finissent**
leur petit déjeuner. **3. avoir fini** to
have finished. «**J'ai fini**, puis-je sortir
maintenant?» crie Jean avec joie.
4. être fini, finie to be finished. Le
concert **est fini**.

fixer [feek-say]
Verb. **1.** to attach. Papa a **fixé** un
tableau au mur. **2.** fixed, set. «Les
dates pour les vacances sont déjà
fixées, on ne peut plus les changer»,
dit maman.

le flamant [fla-mAH]
Noun. Flamingo.

la flamme [flam]
Noun.
flame.

la flèche [fleh-sh]
Noun.
arrow.

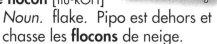

la fleur [flur]
Noun. flower. Mémé a cueilli un
bouquet de **fleurs** dans le jardin.

le fleuve [fluhv]
Noun.
river.

le flocon [flu-kOH]
Noun. flake. Pipo est dehors et
chasse les **flocons** de neige.

flotter [flut-ay]
Verb. **1.** (on the water) to float.
2. (in the wind) to wave. Le drapeau
flottait au vent.

la flûte [flewt]
Noun.
flute.
Juliette joue
de la flûte
dans
l'orchestre
de l'école.

le foin [fwEH]
Noun.
hay.

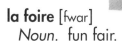

la foire [fwar]
Noun. fun fair.

la fois [fwa]
Noun. **1.** time.
2. une fois one time, once.

foncé, foncée [fOH-say]
Adjective. dark. Juliette porte une
jupe bleu **foncé**.

le fond [fOH]
> *Noun.* bottom. Jean a trouvé une mouche au **fond** de son verre.

fondre [fOH-dr]
> *Verb.* to melt. La glace d'Annie a **fondu** au soleil.

la fontaine [fOH-tehn]
> *Noun.* fountain.

le football [foot-bol]
> *Noun.*
> **1.** soccer ball.
> **2. jouer au football, jouer au foot** to play soccer.

la forêt [for-eh]
> *Noun.* forest.

la forme [form]
> *Noun.* form. Jean gonfle un ballon qui a la **forme** d'un lapin.

fort, forte [for, fort]
> **I.** *Adjective.* strong. «Si tu manges tous tes légumes, tu deviendras grand et **fort**», dit mémé.
> **II.** *Adverb.* **1.** strongly. Pipo tirait **fort** sur sa laisse. **2.** hard. Il pleuvait si **fort** que Jean n'a pas pu promener Pipo.

le fossé [fu-say]
> *Noun.* ditch.

fou, fol, folle [foo, ful, ful]
> *Adjective.* crazy.

la foule [fool]
> *Noun.* crowd. Il y avait une **foule** de gens qui achetait des cadeaux pour Noël.

le four [foor]
> *Noun.* oven.

la fourchette
> [foorsh-eht]
> *Noun.* fork.

la fourmi
> [foor-mee]
> *Noun.* ant.

frais, fraîche [freh, freh-sh]
> *Adjective.*
> **1.** fresh. Maman achète du poisson, des fruits et des légumes **frais** au marché. **2.** cool. «Le chauffage est-il allumé? Il fait un peu **frais** ici!» dit mémé.

la fraise [frehz]
> *Noun.* strawberry.

la framboise
> [frAH-bwaz]
> *Noun.* raspberry.

le franc [frAH]
> *Noun.* franc. Ali a dépensé vingt **francs** pour acheter des bonbons.

français, française [frAH-seh, -sehz]
> **I.** *Adjective.* French.
> **II.** *Noun.* **1. le Français, la Française** French *(male, female)*.
> **2. le français** French language. Juliette est bonne en **français**.

la France
> [frAHs]
> *Noun.* France.

frapper [fra-pay]
Verb.
1. to hit. Avec sa raquette, Maman a **frappé** la balle de tennis si fort qu'elle est tombée dans le jardin du voisin.

2. to knock.
Quelqu'un a **frappé** à la porte.

le frein [frEH]
Noun. brake.

le frère [frehr]
Noun. brother.

frire [freer]
Verb. to fry. Maman fait **frire** des oignons et des pommes de terre pour le déjeuner.

les frites [freet]
Noun, feminine. French fries. Ali aime beaucoup les **frites**.

froid, froide [frwa, frwad]
Adjective. cold.

le fromage [fru-ma-zh]
Noun. cheese.

le front [frOH]
Noun.
1. forehead.
2. front side.

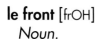

frotter [fru-tay]
Verb. to rub. Jean se **frotte** les mains car elles sont froides.

le fruit [frew-ee]
Noun. **1.** fruit. **2. les fruits** fruits. Les **fruits** et les légumes du marché sont très frais.

fuir [few-eer]
Verb. to flee.

la fumée [few-may]
Noun. smoke.

fumer [few-may]
Verb. to smoke. Pépé **fume** sa pipe.

la fusée
[few-zay]
Verb. rocket.

le fusil [few-zee]
Noun. rifle.

G

le gagnant, la gagnante [ga-ny-AH, -AHt]
Noun. winner *(male, female)*. Sylvie est la **gagnante** du concours de musique de l'école cette année.

gagner [ga-ny-ay]
Verb. **1.** to win. Sylvie a **gagné** le concours de musique de l'école.
2. to earn. Papa et maman **gagnent** leur argent en travaillant.

le gant [gAH]
Noun.
glove.
Maman a
recommandé
aux enfants de
mettre des **gants** pour faire un
bonhomme de neige.

le garage [ga-razh]
Noun.
1. garage.
Maman a
garé la
voiture
dans le **garage**.

2. auto shop. La voiture est au
garage, il faut la réparer.

le garçon
[gar-sOH]
Noun. **1.** boy.
2. waiter.
«**Garçon**,
puis-je avoir
l'addition?»
demande papa.

la garde [gard]
Noun. guard.

garder [gar-day]
Verb. **1.** to keep. Ali a dit que Jean
pouvait **garder** la bande dessinée,
car il avait fini de la lire.
2. to store. Ali **garde** sa collection
de dinosaures dans un tiroir.
3. to watch. Pipo **garde**
la maison quand la famille
n'est pas là.

la garde-robe [gard-rub]
Noun. wardrobe.
Voulez-vous voir
la **garde-robe**?

le gardien [gar-dy-EH]
Noun. guardian, keeper

la gare [gar]
Noun. railroad station. Papa et
Jean sont allés chercher tante Sarah
à la **gare**.

garer [ga-ray]
Verb.
to park.
Papa a
garé la
voiture
devant
la maison.

gaspiller [gas-pee-yay]
Verb. to waste.

le gâteau [ga-toh]
Noun.
1. cake.
**2. le gâteau
sec, le petit
gâteau** cookie.
3. faire un gâteau
to make a cake.

gâter [ga-tay]
Verb. to spoil. Mémé **gâte** souvent
les enfants en leur donnant
beaucoup de chocolat.

gauche [goh-sh]
I. *Adjective.* left. Pépé écrit de la
main **gauche**.
II. *Adverb* **à gauche** to the left.
Papa tourne **à gauche** pour entrer
dans le parking.

le gazon [ga-zOH]
Noun. lawn.

le géant [zh-ay-AH]
Noun. giant.

geler [zh-lay]
Verb. to freeze. L'eau de l'étang a **gelé** et les canards patinent sur la glace.

généreux, généreuse [zh-ay-nay-ruh, -ruhz]
Adjective. generous. «Prends mon dernier bonbon», dit Sylvie. «Tu es très **généreuse**, merci!» dit Juliette.

le genou, les genoux [zh-noo]
Noun. **1.** knee.
2. sur les genoux on one's lap. Annie devait s'asseoir **sur les genoux** de maman, car il y avait trop de monde dans le bus.

les gens [zh-AH]
Noun, masculine. people. Paris est une grande ville où beaucoup de **gens** habitent.

gentil, gentille [zh-AH-tee, -tee-y]
Adjective. **1.** nice. **2.** kind. «Sois **gentille** et passe-moi les verres», dit mémé à Juliette.

le gilet [zh-ee-leh]
Noun. **1.** vest. **2.** cardigan. Mémé cherche le bouton qui manque au **gilet** de pépé.

la girafe [zhee-raf]
Noun. giraffe.

la glace [glas]
Noun. **1.** ice. L'eau de l'étang a gelé et les enfants patinent sur la **glace**.
2. ice cream. Pépé a acheté de la **glace** au chocolat pour les enfants.
3. mirror.

glisser [glee-say]
Verb. **1.** to slide.
2. to slip. Papa a **glissé** sur la glace et s'est cassé le bras.

le gobelet [gub-leh]
Noun. goblet. Mémé aime boire son thé dans un **gobelet**.

la gomme [gum]
Noun. rubber eraser.

gonfler [gOH-flay]
Verb. **1.** to pump up. **2.** to inflate.

la gorge [gorzh]
Noun. throat. **avoir mal à la gorge** to have a sore throat. Papa porte une écharpe autour du cou, car il **a mal à la gorge**.

le gorille
[go-ree-y]
Noun. gorilla.

gourmand, gourmande
[goor-mAH, -mAHd]
Adjective. glutton. «Ne soyez pas si **gourmands**, laissez un bout de gâteau pour papa!» dit maman aux enfants.

goûter
[goo-tay]
I. *Verb.* to taste.
Annie a **goûté** au chou, mais elle ne l'a pas aimé.
II. *Noun.* **le goûter** snack.

la goutte [goot]
Noun. drop. Mémé a décidé de rentrer quand elle a senti une **goutte** de pluie lui tomber sur la tête.

la graine [grehn]
Noun. seed. Pépé a semé des
graines dans le jardin.

grand, grande [grAH, grAHd]
Adjective. big. Pipo est devenu trop
grand pour son panier.

grandir [grAH-deer]
Verb. to grow. Juliette a tellement
grandi qu'elle est presque aussi
grande que maman.

la grand-mère [grAH-mehr]
Noun. grandmother. Les enfants
appellent leur **grand-mère** «mémé».

le grand-père [grAH-pehr]
Noun. grandfather. Les enfants
appellent leur **grand-père** «pépé».

les grands-parents
[grAH-parAH]
Noun,
masculine.
grandparents.
Pépé et mémé
sont les
grands-parents
de Jean, Juliette et Annie.

la grange
[grAH-zh]
Noun. barn.

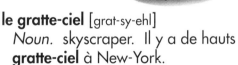

le gratte-ciel [grat-sy-ehl]
Noun. skyscraper. Il y a de hauts
gratte-ciel à New-York.

gratter [gra-tay]
Verb. to scratch. Jean se **gratte** le
bras après avoir été piqué par une
abeille.

gratuit, gratuite [gra-tew-ee, -eet]
Adjective. free. L'entrée du musée
est **gratuite** pour les enfants.

grec, grecque [grehk]
I. *Adjective.* Greek.
II. *Noun.*
1. **le Grec,**
la Grecque
Greek *(male,*
female).
2. **le grec** Greek language.

la Grèce [grehss]
Noun. Greece.

le grenier [gre-ny-ay]
Noun. attic.
Il y a beaucoup de vieilles valises et
boîtes au **grenier**.

la grenouille
[gre-noo-y]
Noun. frog.

griffer [gree-fay]
Verb. to scratch. Annie voulait
seulement jouer avec le chat, mais
Minouche l'a **griffée**.

le grillage
[gree-ya-zh]
Noun. fence.
Maman parle
avec la
voisine par
dessus le **grillage**.

griller [gree-yay]
Verb. to grill.

grimper [grEH-pay]
Verb.
to climb.
Jean essaie
de **grimper**
à l'arbre
comme
Minouche.

la grippe [greep]
Noun. flu, influenza.

gris, grise [gree, greez]
Adjective. gray.

grogner [gru-ny-ay]
Verb. to growl. Pipo a **grogné** et a pris son os quand le chien du voisin s'est approché de lui.

gronder [grOH-day]
Verb. **1.** to scold. Le professeur a **grondé** Jean parce qu'il était arrivé en retard. **2.** to rumble. Annie a très peur quand le tonnerre **gronde** les nuits d'orage.

gros, grosse [groh, grohs]
Adjective.
1. bulky.
Ali est plus
gros que
Jean.
2. big. Pipo a été attaqué par un **gros** chien ce matin.

la grotte [grut]
Noun. grotto. Juliette et Jean ont découvert une **grotte** cachée dans les rochers au bout de la plage.

le groupe [groop]
Noun. **1.** group. **2.** band. Le cousin de Jean et de Juliette joue de la musique dans un **groupe**.

la grue [grew]
Noun. crane.

le guépard [gay-par]
Noun.
cheetah.
Le **guépard** est l'animal qui court le plus vite.

la guêpe [gehp]
Noun.
wasp.

la guerre [gehr]
Noun. war.

guider [gee-day]
Verb. to guide. Les enfants ont **guidé** la vieille dame pour traverser la rue.

la guitare
[gee-tar]
Noun. guitar.

H

habiller [a-bee-yay]
Verb. **1.** to dress. «Pourquoi n'êtes-vous pas encore **habillés**?» demande papa. «Il est bientôt l'heure d'aller à l'école.» **2. s'habiller** to dress oneself. Annie essaie de **s'habiller** toute seule.

un habit [a-bee]
Noun. **1.** article of clothing. Jean a laissé ses **habits** partout dans sa chambre. **2.** suit.

habiter [a-bee-tay]
Verb. to inhabit. Les Martin **habitent** à Paris.

une habitude [a-bee-tewd]
I. Noun. habit.
II. Adverb. **d'habitude** normally. **D'habitude** papa se lève à six heures.

la haie [eh]
Noun.
hedge.
Jean est
tombé de
l'arbre et
a atterri
dans la **haie**.

le hamster [ams-tehr]
Noun.
hamster.
Jean a un
hamster qui
s'appelle «Filou».

le haricot [a-ree-koh]
Noun. bean.

le hasard [a-zar]
I. *Noun.* chance.
II. *Adverb.* **par hasard** by chance.
«Sais-tu **par hasard** où j'ai mis mon
cartable, maman?» demande Jean.

haut, haute [oh, oht]
I. *Adjective.* high. Les murs du
jardin sont assez **hauts** pour
empêcher Pipo de se sauver.
II. *Adverb.* **1.** high. Le cerf-volant
vole très **haut** dans le ciel.
**2. haut les
mains!**
Hands up!
3. en haut
upstairs.
«Où est
Juliette?»
demande
Jean. «Elle est **en haut**», répond
maman. **4. en haut** upstairs.
Juliette est allée **en haut** pour
prendre une douche.

un hélicoptère
[ay-lee-kup-tehr]
Noun.
helicopter.

l'herbe [eh-rb]
*Noun,
feminine.*
1. grass.

2. la mauvaise herbe weed.

le hérisson
[ay-ree-sOH]
Noun. hedgehog.

l'heure [ur]
Noun, feminine. **1.** hour. Papa doit
rouler pendant une **heure**. **2. Quelle
heure est-il? Il est trois heures.** What
time is it? It's three o'clock. **3. de
bonne heure** early.

heureux, heureuse [u-ruh, u-ruhz]
Adjective. happy. Jean et Juliette
sont **heureux**, car les vacances ont
commencé.

le hibou, les hiboux
[ee-boo]
Noun. owl, owls.

hier [yehr]
Adverb. yesterday. Jean a oublié
de faire ses devoirs **hier**.

un hippopotame
[ee-pup-utam]
Noun. hippopotamus.

une histoire
[ees-twar]
Noun.
story.
Tous les soirs,
maman
raconte
une **histoire**
à Annie.

l'hiver [ee-vehr]
*Noun,
masculine.*
winter. Les
arbres n'ont
pas de feuilles
en **hiver**.

un homme [um]
Noun. man.

honnête [un-eht]
Adjective. honest. Une personne **honnête** ne vole jamais.

la honte [OHt]
Noun. **avoir honte** to feel shame. Jean **avait honte** d'avoir dormi pendant la leçon.

un hôpital [up-ee-tal]
Noun. hospital.

une horloge [or-luzh]
Noun.
clock.
L'**horloge** de la gare indiquait cinq heures moins dix.

horrible [or-ee-bl]
Adjective. horrible. «Quel temps **horrible**!» dit pépé en regardant tomber la pluie.

un hôtel [ut-ehl]
Noun. hotel.

l'huile [ew-eel]
Noun, feminine. oil.

huit [yew-eet]
Adjective. eight.

ici [ee-see]
Adverb. **1.** here. «La balle est **ici**, Pipo!» crie Jean. **2.** over here. «Viens **ici** et prends cette bande dessinée avec toi!» ordonne le professeur à Ali.

une idée [ee-day]
Noun. **1.** idea. L'**idée** de Jean était de construire un pont. **2.** any notion. «Où sont Juliette et Annie?» demande maman. «Aucune **idée**!» répond Jean.

il [eel]
Pronoun. **1.** he. Où est Jean? **Il** est dans le jardin. **2.** it. Quel temps fait-**il**? **Il** pleut. **3. il fait beau** nice weather. **4. il fait chaud** warm weather. **5. il fait froid** cold weather. **6. il fait mauvais** the weather is bad.

une île [eel]
Noun.
island.

ils [eel]
Pronoun. they. Voilà les enfants. **Ils** vont au zoo avec pépé.

Il y a [eel-ya]
Idiom. **1.** there are. **Il y a** beaucoup d'enfants. **2.** there is. **Il y a** une souris dans la boîte de biscuits. **3.** ago. **Il y a** trois ans…

l'imagination [ee-ma-zhee-nas-yOH]
Noun, feminine. imagination. Le professeur de dessin demande aux élèves d'utiliser leur **imagination**.

imaginer [ee-ma-zhee-nay]
Verb.
1. to imagine. Juliette **imaginait** qu'elle était une danseuse célèbre.
2. s'imaginer imagine oneself. Papa **s'imaginait** avoir entendu un bruit dans le garage, mais il n'y avait personne.

une image [ee-ma-zh]
Noun. picture. Jean collectionne les **images** de motos.

un imperméable [EH-pehr-may-abl]
Noun. raincoat.

impertinent, impertinente
[EH-pehr-teen-AH, -AHt]
Adjective. impertinent.

impoli, impolie [EH-pu-lee]
Adjective. impolite. Le directeur gronde les élèves qui ont été **impolis** avec le professeur.

important, importante [EH-por-tAH(t)]
Adjective. important.

n'importe où [nEH-port oo]
Adverb. no matter where.

n'importe quand [nEH-port kAH]
Adverb. **1.** no matter when.
2. whenever.

n'importe qui [nEH-port kee]
Pronoun. **1.** no matter who.
2. anyone.

n'importe quoi [nEH-port kwa]
Pronoun. **1.** no matter what.
2. whatever.

impossible [EH-pus-eebl]
Adjective. impossible.

imprudent, imprudente
[EH-prew-dAH, -dAHt]
Adjective. imprudent.

un incendie [EH-sAH-dee]
Noun. fire.

l'Inde [EHd]
Noun, feminine. India.

indien, indienne [EH-dy-EH, -ehn]
I. *Adjective.* **1.** Indian. Mémé aime beaucoup le thé **indien**.
2. Indian.
II. *Noun.* **un Indien, une Indienne**
1. Indian (male, female).
2. American Indian, (male, female).

indiquer [EH-dee-kay]
Verb. to indicate. La petite aiguille d'une montre **indique** les heures et la grande aiguille **indique** les minutes.

une infirmière
[EH-feerm-yehr]
Noun. nurse.

inonder [een-OH-day]
Verb. to flood. La pluie a **inondé** la cave.

un insecte [EH-sehkt]
Noun. insect.

un instituteur, une institutrice
[EH-stee-tew-tur, -treess]
Noun. teacher (male, female).

un instrument de musique
[EH-strew-mAH de mew-zeek]
Noun. musical instrument. Juliette joue de la flûte, Ali joue de la trompette,

Sylvie joue du piano - seul Jean ne joue pas d'un **instrument de musique**.

insupportable [EH-sew-por-tabl]
Adjective. unbearable.

intelligent, intelligente [EH-tay-lee-zh-AH(t)]
Adjective. intelligent.

interdire [EH-tehr-deer]
Verb. to forbid. Maman a **interdit** aux enfants de jouer dans la rue.

intéressant, intéressante
[EH-tay-ray-sAH, -sAHt]
Adjective. interesting.

intérieur, intérieure [EH-tayr-yur]
I. *Adjective.* inside, inner. Pépé a mis ses lunettes dans la poche **intérieure** de sa veste.
II. *Noun, masculine.* **l'intérieur**
1. the inside. L'**intérieur** de la voiture était couvert de poils de chien. **2. à l'intérieur** indoors. Comme il pleuvait, les enfants sont restés **à l'intérieur**.

une interview [EH-tehr-vew]
Noun. interview. Juliette regarde une **interview** de son acteur favori à la télé.

inviter [EH-vee-tay]
Verb. to invite. Juliette a **invité** dix amis à son anniversaire.

l'Italie
[ee-ta-lee]
Noun,
feminine.
Italy.

italien, italienne [ee-tal-yEH, -yehn]
I. *Adjective.* Italian.
II. *Noun.* **1. un Italien, une Italienne** Italian *(male, female).*
2. l'italien Italian language.

J

jamais [zh-am-eh]
Adverb. never. Annie n'est **jamais** allée à l'étranger.

la jambe [zh-AH-b]
Noun.
leg.

le jambon
[zh-AH-bOH]
Noun. ham. Juliette a un sandwich au fromage et un autre au **jambon**.

janvier [zh-AHv-yay]
Noun, masculine. January.

le Japon [zh-ap-OH]
Noun. Japan.

japonais, japonaise
[zh-ap-un-eh, -ehz]
I. *Adjective.* Japanese.
II. *Noun.* **1. le Japonais, la Japonaise** Japanese *(male, female).* **2. le japonais** Japanese language.

le jardin [zh-ar-dEH]
Noun. garden.

le jardinier, la jardinière
[zh-ar-deen-yay, -yehr]
Noun. gardener *(male, female).*

jaune [zh-ohn]
Adjective.
yellow.

je [zh-e]
Pronoun. I. **Je** m'appelle Jean!

le jeans [dzh-een]
Noun. jeans.

le jeu, les jeux [zh-uh]
Noun. **1.** game. Jean a reçu un nouveau **jeu** pour Noël.
2. le jeu-vidéo video-game.

le jeudi [zh-uh-dee]
Noun. Thursday.

jeune [zh-un]
Adjective. young. Madame Durand est un très **jeune** professeur.

la joie [zh-wa]
Noun. joy. Pipo a sauté de **joie** quand les enfants sont rentrés de l'école.

joindre [zh-wEH-dr]
Verb. **1.** reach (on phone). «Je ne peux pas **joindre** papa, sa ligne est occupée,» dit maman.
2. to join. «Puis-je me **joindre** à vous?» demande Ali aux autres enfants.

joli, jolie [zh-ul-ee]
Adjective. pretty.

la jonquille [zh-OH-kee-y]
Noun. daffodil.
Pépé a cueilli un bouquet de **jonquilles** dans le jardin.

la joue [zh-oo]
Noun. cheek.

jouer [zh-way]
Verb. **1.** to play. Jean et Ali aiment **jouer** aux indiens et aux cow-boys.
2. jouer d'un instrument to play a musical instrument.

le jouet [zh-weh]
Noun. toy.

le joueur, la joueuse [zh-wur, -wuhz]
Noun. player (male, female). Il y a onze **joueurs** dans une équipe de football.

le jour [zh-oor]
Noun. **1.** day. «Quel **jour** de la semaine sommes-nous?» demande pépé. **2. le jour férié** holiday. En France, le 14 juillet est un **jour férié**, les gens ne travaillent pas et les magasins sont fermés. **3. tous les jours** every day.

le journal, les journaux
[zh-oor-nal, -no]
Noun.
newspaper,
newspapers.

joyeux, joyeuse [zh-wa-yuh, -yuhz]
Adjective. joyous, merry.

juillet [zh-ew-ee-yeh]
Noun, masculine. July.

juin [zh-wEH]
Noun, masculine. June.

le jumeau, la jumelle [zh-ew-mo, -mehl]
Noun.
1. twin.
2. les jumelles
binoculars.
Papa utilise des **jumelles** pour voir le bateau au loin.

la jungle [zh-UHgl]
Noun.
jungle.

la jupe [zh-ewp]
Noun. skirt.

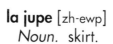

le jus [zh-ew]
Noun. juice. Juliette boit un verre de **jus** de pomme.

J jusque

jusque [zh-ews-ke]
  Preposition. **1. jusqu'à** up to. Annie sait déjà compter **jusqu'à** dix.
  2. jusqu'ici until now.

juste [zh-ewst]
  I. *Adjective.* **1.** right. Ce n'est pas **juste** de prendre le ballon à Annie, elle aussi veut jouer. **2.** correct. Le professeur a posé une question. La réponse de Jean était **juste**.
  II. *Adverb.* **1.** just now. Papa vient **juste** de partir. **2.** right. Maman a mis une bougie **juste** au milieu du gâteau d'anniversaire d'Annie.

K

le kangourou
  [kAH-goo-roo]
  Noun. kangaroo.
  Les **kangourous**
  et les koalas
  vivent en Australie.

le ketchup [kehtch-up]
  Noun.
  ketchup.

le klaxon [klak-sun]
  Noun.
  horn.
  Jean est
  presque
  tombé de
  son vélo
  quand il a entendu le **klaxon** de la voiture.

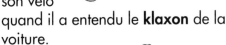

le koala [ku-ala]
  Noun.
  koala.

L

la, l' [la, l']
  I. *Definite article.* **1.** the. **la** femme the woman. **2.** the. **la** jupe the skirt. **3.** the. **la** maison the house.
  II. *Pronoun.* **1.** her. «Juliette est là-bas, **la** vois-tu?» demande maman en montrant le groupe de filles.
  2. it. «Où est ma jupe bleue?» demande Juliette. «Je l'ai vue dans la salle de bain», répond maman.
  3. it. «Tu vois notre maison, Annie?» «Oui, je **la** vois».

là [la]
  Adverb. **1.** there. Le stylo est **là** sur la table. **2.** there. «L'année prochaine, on ira en vacances **là**», dit papa. **3. là-bas** over there. «Juliette est **là-bas**, la vois-tu?» demande maman en montrant le groupe de filles.

le lac [lak]
  Noun.
  lake.

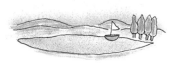

le lacet [la-seh]
  Noun.
  shoelace.
  Jean a noué
  les **lacets** des
  chaussures de pépé.

laid, laide [leh, lehd]
  Adjective. ugly. Le chien des voisins a de courtes pattes, ce qui le rend un peu **laid**.

la laine [lehn]
  Noun.
  wool.

la laisse [lehss]
Noun.
leash.
Pipo
apporte
sa **laisse**
à Jean.
Qu'est-ce
qu'il
veut
lui dire?

laisser [lay-say]
Verb. **1.** to leave. Les Martin
laissent toujours Pipo chez les voisins
quand ils partent en vacances. **2.**
laisser tomber to drop. Maman est
fâchée parce que Jean a **laissé**
tomber le pot de lait.

le lait [leh]
Noun.
milk.

la laitue [lay-tew]
Noun. lettuce.

la lampe [lAHp]
Noun.
1. lamp.
Pépé allume
la **lampe**
pour lire.
2. la lampe
de poche
flashlight.

lancer [lAH-say]
Verb. to throw. Jean **lance** une balle
en direction de Pipo.

la langue [lAHg]
Noun.
1. tongue.
2. la langue étrangère foreign
language. Juliette apprend deux
langues étrangères à l'école.

le lapin [la-pEH]
Noun.
rabbit.

large [larzh]
Adjective. wide. La rue que papa
doit traverser pour aller au travail est
très **large**.

la larme [larm]
Noun. tear.

le lavabo [la-va-bo]
Noun. washroom.

laver [la-vay]
Verb. **1.** to wash. **2. se laver** to
wash oneself. Jean **se lave** les mains
avant de passer à table.

le, l' [le, l']
I. *Definite article.* **1.** the. l'homme
the man. **2.** the. **le** pigeon the
pigeon. **3.** the. **le** livre the book.
II. *Pronoun.* **1.** him. «Où est Jean?
L'avez-vous vu?» demande maman.
2. it. «Jean est au stade, je **le** sais,
c'est Ali qui me l'a dit», répond
Juliette. **3.** it. «Où est mon
appareil photo?» crie Sylvie, «je ne
le trouve pas!»

la leçon [le-sOH]
Noun. lesson. Cet après-midi,
Sylvie a une **leçon** de piano cvec le
professeur de musique.

léger, légère [lay-zh-ay, -ehr]
Adjective. light. Aujourd'hui le
cartable de Jean est assez **léger**
parce qu'il a oublié deux livres.

le légume [lay-gewm]
Noun. vegetable. Pépé cultive des
légumes dans son jardin.

lent

lent, lente [lAH, lAHt]
Adjective. slow. «Plus vite, Ali! Tu es trop **lent**», dit Jean.

lequel, laquelle, lesquels, lesquelles
[le-kehl, la-kehl, laykehl, laykehl]
Pronouns. **1.** which one, which ones. «Juliette, **laquelle** de ces robes préfères-tu?» demande Sylvie.
2. n'importe lequel, laquelle
no matter which one.
3. n'importe lesquels, lesquelles
no matter which ones.

les [lay]
I. *Definite article.* the. **les** livres the books.
II. *Pronoun.* them. «Où sont les enfants?» demande maman. «Je ne **les** vois pas.»

la lettre [lehtr]
Noun.
1. letter (written).
2. letter (alphabet).

leur, leurs [lur]
Adjective. **1.** their. Juliette et Annie aiment beaucoup **leur** frère Jean.
2. le leur, la leur, les leurs *Pronoun.* theirs. «Tu ne peux pas garder ces jouets», dit maman à Annie. «Ils sont à Jean et Ali, ce sont **les leurs**.»
3. leur to them. Mémé aime beaucoup les oiseaux. Tous les jours elle **leur** donne à manger.

lever [le-vay]
I. *Verb.* **1.** to raise. Après que le professeur a posé sa question, certains élèves ont **levé** la main pour donner la réponse. **2. se lever** to get up. Le matin, papa **se lève** le premier. **3.** to rise. Le soleil **se lève** à l'est.
II. *Noun.* **le lever du soleil** sunrise.

la lèvre [lehvr]
Noun. lip.

libre [leebr]
Adjective. vacant. Mémé a pris la dernière place **libre** dans le bus.

le lieu [ly-uh]
Noun. place.

la ligne [lee-ny]
Noun. **1.** line. **2. la pêche à la ligne** fishing line.

la limonade [lee-mun-ad]
Noun. lemonade. Ali boit un verre de **limonade**.

le linge [lEHzh]
Noun. wash. Maman accroche le **linge** dans le jardin.

le lion [lyOH]
Noun.
lion.

liquide
[lee-keed]
Adjective. fluid, liquid.

lire [leer]
Verb. to read. Maman **lit** une histoire à Annie.

lisse [leess]
Adjective. smooth. Le pelage de Minouche est **lisse** et doux.

la liste [leest]
Noun. list. Maman avait fait une **liste** des choses qu'elle devait acheter.

le lit [lee]
Noun.
bed.
Jean oublie souvent de faire son **lit**.

le livre [leevr]

Noun.
1. book.
2. le livre d'images picture book.
Annie regarde son nouveau **livre
d'images**.

la livre [leevr]
Noun. pound. «Va acheter une
livre de beurre», dit Maman à Jean.

loin [lwEH]
Adverb. **1.** far. Ali n'habite pas **loin**
de chez Jean. **2. au loin** in the
distance.

long, longue [lOH, lOHg]
I. *Adjective.* long. Sylvie a des
cheveux **longs**.
II. *Preposition.* **le long de** along.
Jean et Juliette se promènent **le long
de** la plage.

lorsque [lorske]
Conjunction. as. Papa voulait sortir
lorsqu'il a commencé à pleuvoir.

le loup [loo]
Noun.
wolf.

lourd, lourde
[loor, loord]
Adjective. heavy. La valise de
Juliette est trop **lourde**.

la luge [lew-zh]
Noun.
sled.

lui [lew-ee]
Pronoun.
1. him. «C'est **lui**!» dit Juliette en
montrant un homme portant un
imperméable sale. **2.** him. «Je n'ai
pas entendu un mot de **lui** ce matin»,
dit papa en parlant de Jean. **3.** him.
«Juliette est sortie. Voulez-vous **lui**

laisser un message?» demande pépé
au téléphone.

la lumière [lewm-yehr]
Noun. light. Maman allume la
lumière.

le lundi [lUH-dee]
Noun. Monday.

la lune [lewn]
Noun. moon.

les lunettes [lewn-eht]
Noun,
feminine.
1. eyeglasses.
Mémé met ses **lunettes** pour lire.
**2. les lunettes
de soleil**
sunglasses.

le Luxembourg [lewks-AH-boor]
Noun. Luxembourg.

M

ma [ma]
see **mon**.

mâcher [mah-shay]
Verb. to chew. La vache regardait
Pipo tout en continuant à **mâcher** de
l'herbe.

la machine [ma-sheen]
Noun. **1.** machine.
**2. la machine
à laver**
washing machine.
«S'il te plaît, mets
ton linge sale
dans **la machine
à laver**», dit
maman.

Madame, Mme [ma-dam]
  Noun. Madam, Mrs.

Mademoiselle, Mlle [madmwa-zehl]
  Noun. Miss, Ms.

le magasin [ma-ga-zEH]
  Noun. **1.** store. Maman a acheté
des chaussures dans un **magasin**.
2. le grand magasin department
store.

le magazine
[ma-ga-zeen]
Noun. magazine.

le magnétoscope [ma-ny-ay-tus-kup]
  Noun. video tape recorder.

mai [meh]
  Noun, masculine. May.

maigre [meh-gr]
  Adjective. meager.

le maillot de bain [ma-yod bEH]
  Noun. **1.** bathing suit.
  2. swimsuit.

la main [mEH]
  Noun. hand. Jean a levé la **main**
pour répondre à la question du
professeur.

maintenant [mEHt-nAH]
  Adverb. now. Juliette a fini ses
devoirs. Elle peut aller jouer
maintenant.

mais [meh]
  Conjunction. but. Juliette fait du
ballet **mais** Jean n'en fait pas.

la maison [meh-zOH]
  Noun. **1.** house.
Papa quitte la
maison tous les
matins à sept heures

et demie pour aller travailler. **2. à la
maison** at home. Juliette est restée **à
la maison**, car
elle est malade.
**3. la maison
de poupée**
dollhouse.

mal [mal]
  I. *Adverb.* **1.** badly. **2. se sentir mal**
to feel sick.
  II. *Noun.* **le mal 1.** ache, pain.
Ali est allé chez le docteur, car il
avait **mal** au ventre. **2. se faire mal**
to hurt oneself. Annie est tombée et
s'est fait mal. **3. avoir mal à la tête**
to have a headache. Juliette **a mal à
la tête**, car elle est restée trop
longtemps au soleil. **4. avoir mal
aux dents** to have a toothache.

malade [ma-lad]
  Adjective. sick. Juliette est **malade**,
alors maman appelle le docteur.

la maladie [ma-la-dee]
  Noun. sickness, illness.

mâle [mahl]
  Adjective. male. Pipo est un chien
mâle.

la maman [ma-mAH]
  Noun. Mom.

la mami, la mémé [ma-mee, may-may]
  Noun. Grandma. Les enfants
appellent leur grand-mère «**mémé**».

le manche [mAH-sh]
  Noun. handle. Papa essaie de faire
tomber le ballon de l'arbre avec le
manche du balai.

la manche [mAH-sh]
  Noun. sleeve.

manger [mAHzh-ay]
Verb. **1.** to eat. Ali aime **manger** des frites avec tout.
2. to eat.
Pipo a
mangé les
saucisses
qui étaient
sur la table de la cuisine. **3. donner à manger** to feed. Annie, Jean et Juliette **donnent à manger** aux canards qui nagent sur l'étang.

la manière [ma-ny-ehr]
Noun. way, manner.

manquer
[mAH-kay]
Verb. **1.** to be
missing.
Un bouton
manque

au veston
de pépé. **2.** to miss. Jean n'aime pas jouer au football avec Ali parce que celui-ci **manque** souvent le but.

le manteau [mAH-toh]
Noun. overcoat. Maman a ordonné aux enfants de mettre leurs **manteaux** pour sortir.

le manuel [ma-new-ehl]
Noun. textbook.

le marchand, la marchande
[marsh-AH, -AHd]
Noun. merchant (male, female). Pépé va toujours chez le **marchand** de journaux au coin de la rue.

la marche [marsh]
Noun. **1.** step
(stairs). **2.** walking.

le marché [marsh-ay]
Noun. **1.** market.
Maman achète toujours les légumes et les fruits au **marché**.
2. (à) bon marché bargain.

marcher [marsh-ay]
Verb. **1.** to walk. **2.** to function.
La montre de Juliette ne **marche** plus.
Il faut la réparer.

le mardi [mar-dee]
Noun. Tuesday.

le mari [ma-ree]
Noun. husband. Oncle Fernand est le **mari** de tante Sarah.

le mariage
[mar-ya-zh]
Noun. marriage.

marié, mariée
[mar-yay] **I.** Adjective. married.
II. Noun. **1. le marié** bridegroom.
2. la mariée bride.

se marier [se mar-yay]
Verb. to get married. Maman et papa **se sont mariés** dans une église il y a quinze ans.

le marin [mar-EH]
Noun.
sailor.

la marmite [mar-meet]
Noun. cooking pot.

marquer [markay]
Verb. **1.** to mark. **2. marquer un but** to score a goal.

le marron [mar-OH]
Noun. chestnut.

mars [marss]
Noun, masculine. March.

marteau

le marteau [mar-toh]
Noun.
hammer.

le masque [mask]
Noun.
mask.

le match [match]
Noun. sports game. Jean regarde un **match** de football à la télé.

le matelas [mat-la]
Noun.
mattress.

la maternelle [ma-tehr-nehl]
Noun. kindergarten.

les mathématiques, les maths
[ma-tay-ma-teek, mat]
Noun, feminine. mathematics, math. Les **maths** sont la matière favorite de Sylvie.

la matière [mat-yehr]
Noun. subject. L'anglais est la **matière** préférée de Juliette.

le matin [mat-EH]
Noun. **1.** morning. **2. le matin** in the morning. Maman aime faire les courses **le matin**.

mauvais, mauvaise [mu-veh, -vehz]
Adjective. **1.** bad. Jean n'aime pas promener Pipo par **mauvais** temps.
2. nasty. Mémé a un **mauvais** rhume.

me, m' [me, m']
Pronoun. **1.** me. «Papa, Jean **m'**a frappé!» crie Annie. **2.** me. «Jean, peux-tu **me** dire l'heure?» demande Ali.

méchant, méchante [may-shAH, -shAHt]
Adjective. nasty. «Ne sois pas **méchante** avec ta petite soeur!» dit maman à Juliette.

le médicament [may-dee-kam-AH]
Noun.
medicine.
Le docteur
a donné un
médicament
contre la
grippe à Sylvie.

meilleur, meilleure [meh-yuhr]
Adjective. **1.** better. Maman sait qu'elle est **meilleure** cuisinière que papa.
2. le meilleur, la meilleure best, the best. Jean est **le meilleur** élève de sa classe en français.

mélanger [may-lAH-zh-ay]
Verb.
to mix.
Si on
mélange
du bleu et
du jaune
on obtient du vert.

la mélodie [may-lud-ee]
Noun. melody. «Cette chanson a une belle **mélodie**», dit maman.

le melon [mlOH]
Noun.
melon.

même
[mehm]
I. *Adjective.* same. Jean et Ali ont le **même** âge.
II. *Adverb.* even. Pépé travaille dans le jardin **même** quand il pleut.

mentir [mAH-teer]
Verb. to lie. Jean a **menti** en disant qu'il avait fini ses devoirs.

le menton [mAH-tOH]
Noun. chin.

la mer [mehr]
Noun. 1. sea. 2. **le bord de la mer** seashore. Cette année les Martin passent les vacances au **bord de la mer**.

merci [mehr-see]
Interjection. thank you. Jean a donné ses sandwichs à Ali. «**Merci**!» dit Ali.

le mercredi [mehr-kre-dee]
Noun. Wednesday.

la mère [mehr]
Noun. Mother.

mes [may]
see **mon**.

le message [may-sa-zh]
Noun. message. «Juliette est sortie. Voulez-vous lui laisser un **message**?» demande maman.

le métal [may-tal]
Noun. metal.

le métro [may-tro]
Noun. subway. A Paris beaucoup de gens préfèrent prendre le **métro** pour éviter les bouchons.

mettre [meh-tr]
Verb. 1. to put. Juliette **met** ses mains dans ses poches parce qu'elle a froid. 2. to put on. Jean **met** ses chaussures. 3. to place. Papa a **mis** le journal dans la poubelle après avoir fini de le lire. 4. to put. «**Mets** ton verre vide sur la table», dit

maman à Jean. 5. to set. Juliette **met** la table pour le déjeuner.
6. take (time). Jean **met** cinq minutes pour aller chez Ali.

se mettre [se meh-tr]
Verb. 1. to sit. Ali **se met** au piano pour répéter sa leçon.
2. **se mettre à faire quelque chose** to begin to do something.

le meuble [muh-bl]
Noun. furniture.

le microphone [meek-ru-fun]
Noun. microphone.

midi [mee-dee]
Noun, masculine. 1. noon.
2. **à midi** at noon. Parfois papa rentre manger à la maison **à midi**.

le miel [my-ehl]
Noun. honey.

le mien, la mienne, les miens, les miennes [my-EH, my-ehn, my-EH, my-ehn]
Pronoun. mine. «Jean a sa chambre, Annie la sienne et moi la **mienne**», dit Juliette.

mieux [my-uh]
Adverb. better. Maman joue **mieux** du piano que Juliette.

le milieu [meel-yuh]
Noun. middle. Ne restez pas au **milieu** de la route!

mille [meel]
Adjective. one thousand.

mince [mEHss]
Adjective. thin. Jean a l'air **mince** quand on le compare à Ali.

minuit [mee-new-ee]
Noun, masculine. midnight. La nouvelle année commence le 31 décembre à **minuit**.

la minute [mee-newt]
Noun. **1.** minute. «Vite, nous devons partir dans cinq **minutes**», dit papa. **2. «Minute!»** "In a minute!"

le miroir
[meer-war]
Noun. mirror.

la mode [mud]
Noun. fashion. Juliette et Sylvie savent tout de la dernière **mode**.

moi [mwa]
Pronoun. **1.** me. «**Moi**, j'ai neuf ans», dit Jean. **2.** me. «Ce cadeau est pour **moi**, crie Annie. **3.** me. «Raconte-**moi** une histoire, s'il te plaît pépé», a demandé Annie. **4. moi-même** myself. «J'ai fait ce gâteau **moi-même**», dit Juliette.

moins [mwEH]
Adverb. **1.** less. D'habitude, Jean a **moins** de devoirs que Juliette. **2. au moins** at least. Il y avait **au moins** cent personnes au concert.

le mois [mwa]
Noun. month.

la moitié [mwat-yay]
Noun. half. Maman a coupé la pomme en deux et a donné une **moitié** à Juliette et l'autre **moitié** à Jean.

le moment [mum-AH]
Noun. **1.** moment. S'il vous plaît, attendez un **moment**. **2. en ce moment** at this moment.

mon, ma, mes [mOH, ma, may]
Adjectives. my. «Jean est **mon** grand frère», dit Annie.

le monde
[mOHd]
Noun. world.

la monnaie
[mun-eh]
Noun.
coins.

Monsieur, M. [ms-yuh]
Noun. **1.** Mister, Mr., sir. **2. Messieurs** gentlemen, sirs.

le monstre [mOH-str]
Noun. monster.

la montagne [mOH-ta-ny]
Noun. mountain. Pépé aimait passer ses vacances à la **montagne** quand il était plus jeune.

monter [mOH-tay]
Verb.
1. to go up. Juilette n'aime pas **monter** l'escalier parce qu' elle est trop parasseuse. **2.** to get in. Papa est **monté** dans la voiture. **3. monter à cheval** to ride a horse. Juliette a appris à **monter à cheval** à six ans.

la montre [mOH-tr]
Noun.
watch.
Jean a reçu une nouvelle **montre** pour son anniversaire.

montrer
[mOH-tray]
Verb. to show
«Oh regarde,
maman!» crie
Annie en
montrant
l'âne du doigt.

le morceau, les morceaux [mor-so]
Noun. piece, pieces. «Puis-je avoir
un autre **morceau** de chocolat?»
demande Annie.

mordre [mor-dr]
Verb. to bite. Le facteur croit que
Pipo essaie de le **mordre**.

mort, morte [mor, mort]
Adjective. dead *(masculine, feminine).*

le moteur [mut-ur]
Noun.
motor.
Le **moteur**
de la voiture
faisait des
bruits étranges.

la moto [mut-oh]
Noun.
motorcycle.

mou, mol, molle [moo, mul, mul]
Adjective. soft. Maman a oublié de
mettre le beurre dans le réfrigérateur
et maintenant il est tout **mou**.

la mouche [moosh]
Noun. fly (insect).

le mouchoir [moosh-war]
Noun.
handkerchief.
Jean sort son **mouchoir** pour
envelopper prudemment la
coccinelle.

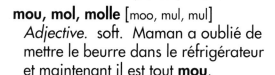

la mouette [mw-eht]
Noun.
seagull.

mouillé, mouillée [moo-yay]
Adjective. wet. Jean a les pieds
mouillés, car il s'est promené sous la
pluie.

le mountain bike [mun-tehn ba-eek]
Noun. mountain bike.

mourir [moo-reer]
Verb. to die. Si l'on sort un poisson
de l'eau, il **meurt**.

le mouton
[moo-tOH]
Noun. sheep.

le mouvement [moov-mAH]
Noun. movement.

le mur [mewr]
Noun. **1.** wall. Minouche est
assise sur le **mur** du jardin et
regarde les oiseaux.
2. wall.
Papa peint
les **murs** de
la chambre de
Juliette en
jaune.

mûr, mûre [mewr]
Adjective. ripe. «Attendez que les
pommes soient **mûres** avant de les
manger», conseille mémé.

la mûre sauvage [mewr so-va-zh]
Noun. blackberry.

le musée [mew-zay]
Noun. museum.

la musique [mew-zeek]
Noun. music.

nager [na-zh-ay]
Verb. to swim. Maman va **nager** avec Annie tous les mardis matins.

la nappe [nap]
Noun.
tablecloth.

la nature [na-tewr]
Noun.
nature.

la navette spatiale
[na-veht spas-yal]
Noun.
spaceship.

né, née [nay]
Adjective. born. Jean est **né** en juillet.

nécessaire [nay-say-sehr]
Adjective. necessary. Il est **nécessaire** de promener Pipo tous les jours.

néerlandais, néerlandaise
[nay-ehr-lAH-deh, -dehz]
I. *Adjective.*
Dutch.
II. *Noun.* **1. le Néerlandais, la Néerlandaise**
Dutch *(male, female).*
2. le néerlandais
Dutch language.

la neige [neh-zh]
Noun.
snow.

nettoyer [neht-wa-yay]
Verb. to clean. Juliette aide maman à **nettoyer** la cuisine.

neuf [nuf]
Adjective. nine.

neuf, neuve [nuf, nuv]
Adjective. new.

le neveu, les neveux [ne-vuh]
Noun. nephew, nephews. Jean est le **neveu** de tante Sarah.

le nez [nay]
Noun.
nose.

la niche [neesh]
Noun.
doghouse.
La **niche** de Pipo est dans le jardin, mais il dort dans la cuisine.

le nid [nee]
Noun.
nest.
Il y a trois oeufs dans le **nid** de l'oiseau.

la nièce [ny-ehs]
Noun. niece. Juliette est la **nièce** de tante Sarah.

Noël [nu-ehl]
Noun, masculine.
1. Christmas. **Noël** est le 25 décembre. **2. Joyeux Noël!** Merry Christmas!

le noeud [nuh]
Noun. knot. Jean a fait un **noeud** avec les lacets des chaussures de pépé.

noir, noire [nwar]
Adjective.
black.

la noix [nwa]
Noun. **1.** walnut.
2. la noix de coco
coconut.

le nom [nOH]
  Noun. **1.** name. «Quel est ton **nom**, comment t'appelles-tu?» demande Madame Dupont. **2. le nom de famille** family name.

le nombre [nOH-br]
  Noun. number.

nombreux, nombreuse [nOH-bruh, -bruhz]
  Adjective. numerous.

non [nOH]
  Adverb. no.

le nord [nor]
  Noun. **1.** North.
  2. la France du nord North France.

la Norvège [nor-veh-zh]
  Noun. Norway.

norvégien, norvégienne [nor-vay-zh-yEH, -yehn]
  I. *Adjective.* Norwegian.
  II. *Noun.* **1. le Norvégien, la Norvégienne** Norwegian *(male, female).* **2. le norvégien** Norwegian language.

nos [no]
  see **notre.**

la note [nut]
  Noun.
  1. grade. Juliette a reçu une bonne **note** pour son devoir de maths. **2.** musical note. **3.** a note. Maman a écrit une **note** pour ne pas oublier d'acheter une paire de chaussettes à Juliette.

noter [nut-ay]
  Verb. to note. Papa a **noté** le numéro de téléphone d'oncle Fernand dans son petit cahier noir.

notre, nos [nut-re, no]
  Adjective. our. «Pipo est **notre** chien», dit Jean au facteur.

le nôtre, la nôtre, les nôtres [noh-tr]
  Pronouns. ours. «Il y a trois voitures garées dans la rue, la bleue est **la nôtre**», dit papa.

nouer [noo-ay]
  Verb. to tie. Jean a **noué** les lacets des chaussures de pépé.

nourrir [noo-reer]
  Verb. to feed, to nourish.

la nourriture [noo-ree-tewr]
  Noun. food, nourishment.

nous [noo]
  Pronoun. **1.** we. «Bonjour», dit maman, «**nous** sommes les parents de Jean et de Juliette.» **2.** us. Nous **nous** sommes regardés dans le miroir. **3. nous-mêmes** ourselves.

nouveau, nouvel, nouvelle [noo-vo, -vehl]
  I. *Adjective.* new.
  II. *Noun.* **la nouvelle** news. La lettre de tante Sarah contient de bonnes **nouvelles**.

novembre [nuv-AH-br]
  Noun, masculine. November.

le nuage [new-azh]
  Noun. cloud.

nuageux, nuageuse [new-azh-uh, -uhz]
  Adjective. cloudy. Le ciel est très **nuageux**. Il va pleuvoir.

la nuit [new-ee]
Noun.
1. night.
2. at night.
Les hamsters
ne dorment
pas la **nuit**.
3. bonne nuit!
Good night!

nulle part [newl par]
Adverb. nowhere. «Pipo est **nulle part** dans la maison!» dit Jean.

le numéro [new-may-ro]
Noun. **1.** number. Les Martin habitent au **numéro** 15 de la rue du Marché. **2. le numéro de téléphone** telephone number «Quel est ton **numéro de téléphone**?» demande Jean. «C'est le 65.43.21», répond Ali.

O

obéir [ub-ay-eer]
Verb. to obey.

occupé, occupée [uk-ew-pay]
Adjective. **1.** busy. Papa était trop **occupé** pour remarquer que Jean rampait derrière lui. **2.** busy. La ligne de téléphone est **occupée**.

occuper [uk-ew-pay]
Verb. **1.** to occupy. Les enfants **occupent** les places arrières dans la voiture. **2. s'occuper de** to take care of. Juliette **s'occupe** d'Annie pendant que maman fait des courses.

un océan [uss-ay-AH]
Noun. ocean.

octobre [uk-tubr]
Noun, masculine. October.

une odeur [ud-ur]
Noun. **1.** odor. **2.** fragrance.

un oeil, les yeux [u-y, yuh]
Noun.
eye,
eyes.
Annie ferme
les **yeux** et
compte
jusqu'à dix
pendant que les autres se cachent.

un oeuf, des oeufs [uf, uh]
Noun. **1.** egg, eggs. «Veux-tu un **oeuf** frit ou un **oeuf** à la coque pour le petit déjeuner?» demande maman. **2. un oeuf à la coque** soft-boiled egg.

offrir [uf-reer]
Verb. **1.** to present. Pour son anniversaire, Sylvie a **offert** une nouvelle paire de lunettes à Juliette. **2.** to offer. Un jeune homme a **offert** son aide à mémé pour monter dans le bus.

une oie [wa]
Noun.
goose.
L'**oie** est
plus grosse que le canard.

un oignon
[u-ny-OH]
Noun. onion.

un oiseau, des oiseaux [wa-zo]
Noun.
bird,
birds.

okay [uk-ay]
Interjection. okay.

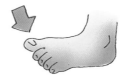

une ombre [OH-br]
Noun. shade. Pipo aime dormir à l'**ombre** en été.

un oncle [OH-kl]
Noun. uncle.

un ongle [OH-gl]
Noun. fingernail.

onze [OHz]
Adjective. eleven.

l'or [or]
Noun, masculine. gold.

un orage
[ora-zh]
Noun. storm.

une orange [o-rAH-zh]
Noun.
orange.

un orchestre [or-kehs-tr]
Noun. orchestra. Sylvie joue du piano dans l'**orchestre** de l'école.

un ordinateur
[or-dee-na-tur]
Noun.
computer.

l'ordre [or-dr]
Noun, masculine.
1. order. 2. command.

l'ordure [or-dewr]
Noun, feminine. garbage.
«Ne jetez pas d'**ordures** par terre», gronde maman.

une oreille
[or-eh-y]
Noun. ear.

un oreiller
[or-ay-yay]
Noun. pillow.

un orteil
[or-teh-y]
Noun. toe.

un os [uss]
Noun.
bone.
Pipo enterre
un **os** dans le jardin.

oser [o-zay]
Verb. to dare. Jean n'**ose** pas sauter de la branche jusqu'à terre.

ou [oo]
Conjunction. **1.** or. «Nous pouvons aller au zoo **ou** au cinéma», propose mémé aux enfants. **2. ou... ou...** either...or. «**Ou** tu fais tes devoirs **ou** alors tu ne sortiras pas!» dit papa à Jean.

où [oo]
I. *Adverb.* **1.** where. «**Où** est mon cartable?» demande Jean.
2. where. «**Où** allez-vous en vacances?» demande Madame Durand.

oublier [oo-blee-yay]
Verb. to forget. Jean **oublie** souvent de se coiffer.

l'ouest [weh-st]
Noun, masculine. West.

oui [wee]
Adverb. yes.

un ours [oors]
Noun.
1. bear.
**2. un ours
en peluche** teddy bear.

un outil [oo-tee]
Noun. tool.

ouvert

ouvert, ouverte [oo-vehr, -vehrt]
Adjective. **1.** open. Jean a laissé la
porte **ouverte** quand il est sorti.
2. être ouvert to be open. La
boulangerie **est ouverte** jusqu'à six
heures.

ouvrir [oo-vreer]
Verb.
to open.
Maman
ouvre la
porte
pour
laisser sortir Pipo.

oval, ovale [uv-al]
Adjective. oval.

P

la pagaie [pa-geh]
Noun.
paddle.

la page [pazh]
Noun. page. «S'il vous plaît,
ouvrez vos livres à la **page** 24»,
demande le professeur.

la paille [pah-y]
Noun. **1.** straw. Les petits agneaux
sont couchés sur la **paille**.
2. straw.
Jean boit
de la
limonade
avec
une
paille.

le pain [pEH]
Noun.
1. bread.
Maman coupe
une tranche
de **pain**. **2. le petit pain** roll.
3. le petit pain au chocolat
chocolate-flavored roll.

pair, paire [pehr]
Adjective. even. Les maisons du
côté droit de la rue ont des numéros
pairs.

la paire [pehr]
Noun. pair. Jean a besoin d'une
nouvelle **paire** de chaussures.

le palais [pal-eh]
Noun. palace.

pâle [pahl]
Adjective. pale.

le pamplemousse [pAH-ple-mooss]
Noun. grapefruit.

le panda
[pAH-da]
Noun. panda.

le panier
[pan-yay]
Noun. basket.

le panneau [pa-no]
Noun. panel.

le pansement [pAHs-mAH]
Noun. **1.** bandage. **2.** strip plaster.
L'infirmière applique un **pansement**
sur le genou de Jean.

le pantalon [pAH-tal-OH]
Noun. pants. Ali a déchiré son
pantalon neuf.

la pantoufle [pAH-toofl]
Noun. slipper. Pipo joue avec la
pantoufle de pépé.

le papa [pa-pa]
Noun. Dad.

le papi, **le pépé** [pa-pee, pay-pay]
Noun. Grandpa. Les enfants
appellent leur grand-père «**pépé**».

le papier [pap-yay]
Noun. paper. Jean écrit sur une
feuille de **papier**.

le papillon
[pa-pee-yOH]
Noun. butterfly.

la pâquerette [pak-reht]
Noun. crown
of daisies.
Juliette fait
un bouquet
de **pâquerettes**
pour Annie.

Pâques [pahk]
Noun, feminine. Easter.

le paquet
[pa-keh]
Noun.
1. package.
Le facteur a
apporté un
paquet. **2.** packet. Ali a acheté un
paquet de bonbons au magasin.

par [par]
Preposition. **1.** through. Minouche
aime bien entrer **par** la fenêtre.
2. by. Tante Sarah a envoyé un
cadeau d'anniversaire à Juliette **par**
la poste. **3.** from. Maman a appris
par les voisins que Jean a cassé une
vitre.

paraître [par-eh-tr]
Verb. to seem.
«Pépé **paraît** lire
le journal, mais
je pense qu'il dort»,
souffle Jean.

le parapluie
[pa-ra-plew-ee]
Noun. umbrella.
Juliette a
ouvert son
parapluie quand
il a commencé à pleuvoir.

le parc [park]
Noun. park. Mémé se promène
avec Annie dans le **parc**.

parce que [pars-ke]
Conjunction. because. Juliette ne va
pas à l'école aujourd'hui **parce
qu'**elle se sent malade.

pardon [pard-OH]
Interjection. **1.** pardon.
2. pardon? pardon? «**Pardon**,
peux-tu répéter cela s'il te plaît, je ne
t'ai pas compris», dit mémé.

pardonner [par-dun-ay]
Verb. to pardon. Juliette a **pardonné**
à Jean d'avoir cassé sa raquette de
tennis, car il s'est excusé.

pareil, pareille [par-eh-y]
Adjective. similar.

le parent, la parente [par-AH, -AHt]
Noun. **1.** relative, relation. **2. les
parents** parents. Papa et maman
sont les **parents** de Jean, Juliette et
Annie.

paresseux, paresseuse
[pa-ray-suh, -suhz]
Adjective. lazy. Ali est vraiment un peu **paresseux**, il n'aime pas faire du sport.

parfait, parfaite [par-feh, -feht]
Adjective. perfect.

parfois [par-fwa]
Adverb. at times.

le parfum [par-fUH]
Noun. **1.** perfume. **2.** fragrance.

parier [par-yay]
Verb. to bet. «Je **parie** que je cours plus vite que toi!» crie Jean.

le parking [par-keen]
Noun.
1. parking lot.
2. parking garage.

parler [par-lay]
Verb. **1.** to speak. Le président va **parler** à la télévision dans quelques minutes. **2.** to talk. Maman **parle** avec la voisine, Madame Dupont.

parmi [par-mee]
Preposition. among.

la part [par]
Noun. part. Ali mange toujours la plus grande **part** du gâteau.

à part [par]
Preposition. **1.** aside. **2.** except. Tout le monde **à part** Jean était déjà parti.

partager [parta-zh-ay]
Verb. to share. Maman a **partagé** le gâteau entre les enfants.

le, la partenaire [parte-nehr]
Noun. partner *(male, female).* Maman a besoin d'un **partenaire** pour jouer au tennis demain.

la partie [par-tee]
Noun. **1.** part. La dernière **partie** du livre est très longue.
2. game. Maman a gagné sa **partie** de tennis ce matin.
3. faire partie de to be part of.

partir [par-teer]
Verb. **1.** to leave. **2.** to depart.

partout [par-too]
Adverb. everywhere. Dans la chambre de Jean, il y a du désordre **partout**.

le pas [pah]
Noun. step. Juliette a appris quelques nouveaux **pas** dans son cours de ballet.

pas [pah]
Adverb. **1. ne...pas** not. Jean n'aime **pas** se lever le matin pour aller à l'école. **2. (ne) pas de** not any. Jean n'a **pas de** voiture, il est trop jeune.

le passage [pah-sa-zh]
Noun. **1.** passage.
2. le passage à niveau train crossing. Au **passage à niveau**, les voitures doivent attendre le **passage** du train.

3. le passage clouté pedestrian crossing.

le passager, la passagère
[pah-sa-zh-ay, -ehr]
Noun. passenger *(male, female).*

le passé [pah-say]
Noun. past.

le passeport [pah-spor]
Noun. passport. Les gens qui voyagent beaucoup ont besoin d'un **passeport**.

passer [pah-say]
Verb. **1.** to pass by. Tous les matins, papa **passe** devant la poste pour aller au travail. **2.** to go. Jean **passe** de pièce en pièce en cherchant ses chaussures de tennis. **3.** to pass. «Jean, peux-tu me **passer** le sel, s'il te plaît», dit maman. **4.** spend (time). Jean a **passé** beaucoup de temps à faire ses devoirs.

se passer [se pah-say]
Verb. to happen. «Tu es tout mouillé! Que **s'est**-il **passé?**», demande maman.

le passe-temps [pahs-tAH]
Noun. pastime.
Jean pense que le ballet est un **passe-temps** stupide, mais Juliette n'est pas d'accord.

la pâte [paht]
Noun. **1.** paste. **2. les pâtes** pasta.

patient, patiente [pas-yAH, -yAHt]
Adjective. **1.** patient. **2. être patient** to be patient.

le patient, la patiente [pas-yAH, -yAHt]
Noun.
patient *(male, female).*
Il y a beaucoup de **patients** à l'hôpital.

le patin [pa-tEH]
Noun. skate.
1. le patin à glace ice skate.
2. le patin à roulettes roller skate.

patiner [pa-teen-ay]
Verb.
to skate
1. to ice skate.
Les enfants peuvent **patiner** sur la rivière quand elle est gelée. **2.** to roller skate.

le patron [pat-rOH]
Noun. **1.** patron.
2. employer.

la patte [pat]
Noun.
paw.

pauvre [povr]
Adjective. poor.

payer [pay-yay]
Verb. to pay. Jean a **payé** sa bande dessinée avec son argent de poche.

le pays [pay-ee]
Noun. country.

les Pays-Bas [pay-ee bah]
Noun, masculine.
the Netherlands.

le paysan, la paysanne [pay-ee-zAH, -zan]
Noun. peasant *(male, female).*

la peau [po]

Noun. **1.** skin. **2.** fruit skin.
Maman pèle une pêche parce qu'
Annie ne mange pas la **peau** des
fruits.

la pêche [peh-sh]

Noun.
1. peach.
2. fishing.
«**Pêche
interdite!**»
"No fishing
allowed!"

pêcher [pay-shay]

Verb. to fish. Jean et Ali sont partis
pêcher.

le pêcheur [pay-sh-ur]

Noun. fisherman.

le peigne [peh-ny]

Noun. comb.

se peigner
[se peh-ny-ay]

Verb to comb one's hair.

peindre [pEH-dr]

Verb.
1. to paint.
Juliette a **peint**
un tableau
d'un cheval
en colère.

le peintre [pEH-tr]

Noun. painter *(male, female)*.

la peinture [pEH-tewr]

Noun. **1.** paint.
Jean a de
la **peinture**
noire partout
sur son T-shirt.
2. picture
painting.

le pelage [pe-lazh]

Noun. animal fur. Le **pelage** de Pipo
est doux.

peler [pe-lay]

Verb. to peel.
Ali **pèle**
une banane.

la pelle [pehl]

Noun.
shovel.

la peluche [pe-lew-sh]

Noun. **les animaux en peluche**
stuffed animals. Annie a beaucoup
d'**animaux en peluche**.

pencher [pAH-shay]

Verb. **1.** to bend. **2. se pencher**
to lean. Jean **se penche** au-dessus
du mur pour voir où est tombée sa
balle.

pendant [pAH-dAH]

I. *Preposition.* during. Annie a
dormi **pendant** tout le voyage.
II. *Conjunction.* **pendant que**
while.

pendre [pAH-dr]

Verb.
to hang up.
Pépé a
pendu son
chapeau
et sa veste
avant d'aller
dans le salon.

la pendule [pAH-dewl]

Noun. clock.

penser [pAH-say]

Verb. **1.** to think. «A quoi **penses-
tu?**» demande Juliette à son frère.
2. to intend. La famille Martin **pense**
aller en vacances à la mer cet été.

la pente [pAHt]
Noun. slope.

perdre [pehr-dr]
Verb. **1.** to lose.
Juliette est triste car elle a **perdu** sa bague préférée.
2. perdre du temps to waste time.
«Arrête de **perdre du temps** et fais tes devoirs», gronde maman.

le père [pehr]
Noun. **1.** Father. **2. le père Noël** Santa Claus.

permettre [pehr-meh-tr]
Verb. **1.** to permit. **2. se permettre** to afford. Nous ne pouvons pas **nous permettre** d'acheter une nouvelle voiture.

le perroquet [pay-ruk-eh]
Noun. parrot.

la perruche [pay-rew-sh]
Noun.
canary.
Pépé a une **perruche** du nom de Florrie.

la personne [pehr-sun]
I. *Noun.* person. La tente de Jean est assez grande pour trois **personnes**.
II. *Pronoun.* **ne...personne** nobody. Il n'y a **personne** à la maison.

peser [pe-zay]
Verb.
to weigh.
Le boucher a **pesé** la viande sur la balance.

petit, petite [ptee, pteet]
Adjective. small.

la petite-fille [pteet fee-y]
Noun. granddaughter.

le petit-fils [ptee feess]
Noun. grandson.

les petits-enfants [ptee-zAH-fAH]
Noun, masculine. grandchildren.
Jean, Juliette et Annie sont les **petits-enfants** de pépé et mémé.

peu [puh]
Adverb. **1.** little. Ali a **peu** mangé à midi. **2. peu de** few. **Peu d'** élèves ont raté l'examen.
3. peu à peu little by little.
4. un peu a bit. Jean est **un peu** plus grand qu'Ali.

la peur [pur]
Noun. **1.** fear. **2. avoir peur** to be afraid. Juliette **a peur** des araignées.

peut-être [puht-eh-tr]
Adverb. maybe. «Je ne trouve pas Minouche», dit Juliette. «Elle est **peut-être** dans le jardin», répond Jean.

la pharmacie [far-ma-see]
Noun. pharmacy.

le pharmacien, la pharmacienne [far-mas-yEH, -yehn]
Noun. pharmacist *(male, female).*

le phoque [fok]
Noun.
seal.

la photo [fu-toh]
Noun. photo.

phrase

la phrase [frah-z]
Noun. sentence. Juliette lit la **phrase** que le professeur écrit au tableau.

le piano [p-ya-no]
Noun.
piano.
Sylvie
apprend à
jouer du
piano.

la pièce [p-yehs]
Noun. **1.** room. **2.** piece.
3. la pièce de monnaie coin.
Papa donne quelques **pièces de monnaie** aux enfants pour leurs tickets de bus.

le pied [p-yay]
I. *Noun.*
foot.
II. *Adverb.* **à pied** on foot.

la pierre [py-ehr]
Noun. stone.

le piéton, la piétonne [p-yay-tOH, -tun]
Noun. pedestrian *(male, female).*
Il y a beaucoup de **piétons** sur le trottoir.

le pigeon
[pee-zh-OH]
Noun. pigeon.

la pile [peel]
Noun. battery.

le pilote [pee-lut]
Noun. pilot.

la pince [pEHs]
Noun. **1.** pliers.
2. la pince à linge
clothespin.

le pinceau [pEH-so]
Noun. artist's paintbrush.

le pingouin
[pEH-gwEH]
Noun. penguin.

la pipe [peep]
Noun. pipe.
Pépé fume la **pipe**.

le pique-nique [peek-neek]
Noun. **1.** picnic.
2. faire un pique-nique to have a picnic.

piquer [pee-kay]
Verb. to sting. Annie pleure parce qu'une abeille l'a **piquée**.

la piqûre [peek-ewr]
Noun. **1.** sting. **2.** injection.

le pirate
[pee-rat]
Noun. pirate.

pire [peer]
Adjective. worse.
1. worst. **2. le, la pire** the worst.

la piscine [pee-seen]
Noun. swimming pool.

le pistolet [pee-stul-eh]
Noun. pistol.

la pizza [peed-za]
Noun.
pizza.
Maman fait bien la **pizza**.

le placard [pla-kar]
Noun.
cabinet.

la place [plas]
Noun. **1.** square. Il y a une grande **place** devant la mairie.
2. seat. Jean et Ali ont obtenu de très bonnes **places** pour voir le match de football.
3. room. «Y a-t-il de la **place** pour mon skateboard dans la valise?» demande Jean.
4. à ta place in your place. «Ali, **à ta place**, j'achèterais un autre ordinateur», dit Jean.

le plafond [pla-fOH]
Noun. ceiling. Si Annie grimpe sur les épaules de papa, elle peut toucher le **plafond**.

la plage [pla-zh]
Noun. beach. Les enfants aiment jouer sur la **plage**.

plaire [plehr]
Verb. to please.

la plaisanterie [pleh-zAH-tree]
Noun. **1.** joke. **2. faire une plaisanterie** to joke.

le plaisir [play-zeer]
Noun. **1.** enjoyment. **2.** pleasure. **3. prendre plaisir à** to take pleasure in.

le plan [plAH]
Noun. plan. Papa et maman font déjà des **plans** pour les vacances.

la planche [plAHsh]
Noun. plank.

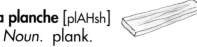

le plancher [plAH-shay]
Noun. wooden floor.

la plante [plAHt]
Noun. plant.

planter [plAH-tay]
Verb. to plant. Pépé **plante** des roses dans le jardin.

le plastique [plas-teek]
Noun. plastic. Les Martin utilisent toujours des couteaux et des fourchettes en **plastique** pour leurs pique-niques.

le plat [pla]
Noun. dish.

plat, plate [pla, plat]
Adjective. **1.** flat. La Belgique est un pays très **plat**. **2. à plat** flat. Une roue du vélo de Jean est **à plat**.

plein, pleine [plEH, plehn]
Adjective. full. Le bus était si **plein** que mémé n'a pas pu trouver de place assise.

pleurer [plur-ay]
Verb. to cry. Annie **pleure** car elle est tombée et s'est cognée la tête.

pleuvoir [pluh-vwar]
Verb. to rain. Jean ne peut pas jouer au football avec Ali car il **pleut**.

plier [plee-yay]
Verb. **1.** to bend. **2.** to fold. Maman **plie** la lettre et la met dans une enveloppe.

la pluie [plew-ee]
Noun. rain.

la plume [plewm]
Noun. feather.

plus

plus [plew]
Adverb. **1.** more. Ali veut un peu **plus** de glace. **2. plus vite** faster. **3. le plus** the most. C'est mémé qui s'occupe **le plus** du jardin. **4. de plus** besides. **5. en plus** in addition.

plusieurs [plewz-yur]
I. *Adjective.* several. Jean a déjà raté le bus **plusieurs** fois ce mois. **II.** *Pronoun.* some. **Plusieurs** des amies de Juliette viennent à la fête.

plutôt [plew-toh]
Adverb. rather. «Quelle robe veux-tu, Juliette - **plutôt** la bleue ou **plutôt** la rouge?» demande maman.

le pneu [pnuh]
Noun. tire. Avant de partir en voyage, papa vérifie les quatre **pneus** de la voiture.

la poche [pu-sh]
Noun. pocket. Ce jeans a cinq **poches**.

le poème [pu-ehm]
Noun. poem. Juliette doit apprendre des **poèmes** à l'école.

le poids [pwa]
Noun. weight.

la poignée [pwa-ny-ay]
Noun. **1.** handful. **2.** grip. Quand pépé a essayé de soulever la valise, la **poignée** s'est cassée. **3.** handle. La **poignée** de la porte est trop haute pour Annie.

le poignet [pwa-ny-eh]
Noun. wrist.

le poil [pwal]
Noun. **1.** body hair. **2.** animal hair.

le point [pwEH]
Noun. point, period.

la pointure [pwEH-tewr]
Noun. shoe size. Jean porte des chaussures de **pointure** 36.

la poire [pwar]
Noun. pear. Jean aide pépé à cueillir des **poires** dans le jardin.

le pois [pwa]
Noun. pea.

le poisson [pwa-sOH]
Noun.
1. fish. Jean a pêché cinq **poissons**.
2. le poisson rouge goldfish.

le poivre [pwavr]
Noun. pepper.

le poivron [pwav-rOH]
Noun. sweet pepper. Au marché il y a des poivrons rouges, jaunes et verts.

poli, polie [pu-lee]
Adjective. polite. Il est **poli** de dire «merci» et «s'il vous plaît».

la police [pul-eess]
Noun. police. «Vite, appelez la **police**!» crie papa quand il voit que des cambrioleurs ont volé la télé.

la pomme [pum]
Noun.
1. apple.
2. la pomme de terre potato.

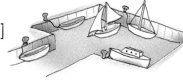

le pompier
[pOHp-yay]
Noun. fireman.

le poney
[pun-eh]
Noun. pony.

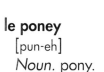

le pont [pOH]
Noun. bridge. Du haut du petit
pont, Jean et Ali ont jeté des bouts
de bois dans la rivière.

le porc [por]
Noun. **1.** pork.
2. hog.

le port [por]
Noun.
port.

la porte [port]
Noun. **1.** door.
2. gate.
Quelqu'un
a oublié
de fermer
la **porte** du
jardin et Pipo s'est sauvé.

le portefeuille [port-fuh-y]
Noun.
wallet.

porter [por-tay]
Verb. **1.** to carry. Juliette aide maman
à **porter** les courses à la maison.
2. to wear. Mémé **porte** une robe
rouge avec de petites fleurs.

portugais, portugaise
[por-tew-geh, -gehz]
I. *Adjective.* Portuguese.
II. *Noun.* **1. le Portugais, la
Portugaise** Portuguese *(male,
female).* **2. le portugais** Portuguese
language.

le Portugal
[por-tew-gal]
Noun. Portugal.

poser [po-zay]
Verb.
1. to put.
2. to place.
Papa **pose**
l'échelle
contre
l'arbre.

posséder [pus-ay-day]
Verb. to own. Jean **possède** un
mountain-bike rouge et maintenant
Ali en veut aussi un.

possible [pus-ee-bl]
Adjective. possible. «Quand veux-
tu aller au zoo?» demande pépé.
«Demain, si c'est **possible**», répond
Jean.

la poste [pust]
Noun. **1.** mail. Tante Sarah a
envoyé un cadeau d'anniversaire à
Juliette par la **poste**. **2.** post office.

le poste de police [pust de pul-eess]
Noun. police station. Les voleurs
ont été arrêtés et emmenés au **poste
de police**.

le poster [pust-ehr]
Noun. poster.

pot

le pot [po]
Noun.
pot.

le poteau [pu-toh]
Noun. pole.

la poubelle [poo-behl]
Noun. garbage bin.
Papa jette sa montre
cassée dans la **poubelle**.

le pouce [poos]
Noun.
thumb.

la poudre [poodr]
Noun. powder.

le poulain, la pouliche [poo-lEH, -leesh]
Noun.
colt, filly.

la poule
[pool]
Noun. hen.
Les **poules** courent autour de la
ferme.

le poulet [pool-eh]
Noun. chicken. Le **poulet** est un des
plats favoris d'Ali.

la poupée [poo-pay]
Noun. doll. Annie pleure car elle a
perdu sa **poupée.**

pour [poor]
Preposition. **1.** for. Le facteur apporte
une lettre **pour** Juliette. **2.** for. Jean
a reçu un nouveau cerf-volant **pour**
son anniversaire. **3.** for. Papa part
à Paris **pour** cinq jours.

pourquoi [poor-kwa]
Conjunction. why. «**Pourquoi** la
lune change-t-elle de forme?»
demande Jean à pépé.

pourtant [poor-tAH]
Conjunction. however. «C'est
étrange», dit Juliette, «Ali mange
toujours et **pourtant** il a toujours
faim!».

pousser [poo-say]
Verb. **1.** to push. **2.** to shove.
Comme la roue avant de son vélo
était à plat, Jean devait le **pousser**.
3. to grow. Dans le jardin de pépé,
les choux **poussent** à côté des
carottes.

la poussière [poos-yehr]
Noun. dust. La cave est pleine
de **poussière**.

le poussin
[poo-sEH]
Noun. chick.

pouvoir [poov-war]
Verb. **1.** can. «Tu peux m'aider à
cueillir les fraises», dit pépé à Jean.
2. may. «On **peut** aller dans le parc
après le déjeuner, maman?»
demande Juliette.

pratiquer [pra-tee-kay]
Verb. to practice.

la précaution [pray-kos-yOH]
Noun. precaution.

précédent, précédente
[pray-say-dAH, -dAHt]
Adjective. preceding.

précieux, précieuse [pray-syuh, -syuhz]
Adjective. precious.

préféré, préférée [pray-fay-ray]
Adjective. preferred.

préférer [pray-fay-ray]
Verb. to prefer. Ali **préfère** le
chocolat aux bananes.

premier, première [prem-yay, -yehr]
Adjective. first. La **première** fois
que Jean a fait du vélo, il est tombé
plusieurs fois.

prendre [prAH-dr]
Verb. **1.** to take. Jean a **pris** son
vélo pour aller chez Ali. **2. prendre
une photo** to take a picture.
3. prendre soin de to take care of.
4. prendre le déjeuner to have lunch.

préparer [pray-pa-ray]
Verb. to prepare. Maman **prépare**
le repas de midi.

près [preh]
I. *Adverb.* near. «C'est encore loin,
la mer?» demande Jean. «Non, c'est
tout **près**», répond maman.
2. à peu près
nearly.
II. *Preposition.*
près de close to.
Mémé se tient
près de la
fenêtre.

présent, présente [pray-zAH, -zAHt]
I. *Adjective.* present. Tous les élèves
sont **présents** ce matin.
II. *Adverb.* **à présent**
at present.

présenter [pray-zAH-tay]
Verb. to present, to introduce.

le président, la présidente
[pray-zee-dAH, -dAHt]
Noun. president *(male,
female).*

presque [preh-sk]
Adverb. almost. Sylvie a **presque** la
même robe que Juliette.

presser [pray-say]
Verb. **1.** to press. Jean **presse** sur le
bouton et attend que l'ascenseur
arrive. **2. se presser** to hurry.
Jean devra **se presser** s'il ne veut pas
rater le bus.

prêt, prête [preh, preht]
Adjective.
ready.
Le petit
déjeuner
est **prêt**.

prêter [preh-tay]
Verb. to lend. Juliette a **prêté** son
nouveau magazine à Sylvie.

le prêtre [preh-tr]
Noun.
priest.

prier [pree-yay]
Verb. **1.** to pray. **2.** to request. «Tous
les passagers sont **priés** de s'asseoir.»

la prière [pree-yehr]
Noun. prayer. Les enfants font une
prière avant de se coucher.

le prince, la princesse [prEHs, -ehs]
Noun. prince, princess.

le printemps [prEH-tAH]
Noun. springtime. Les feuilles et les
fleurs commencent à pousser au
printemps.

la prison
[pree-zOH]
Noun. prison.
Le voleur a
été mis en
prison.

privé, privée [pree-vay]
Adjective. private.

le prix [pree]

Noun. **1.** price. «Quel est le **prix** de ces saucisses?» demande maman au boucher. **2. le premier prix** first prize.

prochain, prochaine [pru-shEH, -sh-ehn]
Adjective. **1.** next.
2. la semaine prochaine next week.

proche [prush]
Adjective. near. Sylvie peut aller à l'école à pied, car l'école est **proche** de sa maison.

le professeur
[pruf-ay-sur]
Noun.
teacher
(m. & f.).

profond, profonde [prufOH, prufOHd]
Adjective. deep. L'eau n'est pas très **profonde** au bord de l'étang, mais elle le devient vers le milieu.

le programme [prug-ram]
Noun. program.
Le **programme** du concert de l'école est gratuit.

la promenade [prum-nad]
Noun. walk, stroll.

promener [prum-nay]
Verb. **1.** to walk. Jean **promène** Pipo. **2. se promener** to take a walk. Maman est partie **se promener** avec Annie ce matin.

promettre [prum-ehtr]
Verb. to promise. Mémé a **promis** d'emmener les enfants au cirque.

proposer [pru-po-zay]
Verb. to propose.

propre [prupr]
Adjective. **1.** clean. La voiture est très **propre**. Papa l'a lavée. **2.** own. Juliette a sa **propre** chambre.

protéger [pru-tay-zh-ay]
Verb. **1.** to protect. Quand il travaille dans le jardin, pépé met des gants pour **protéger** ses mains.
2. to guard. Beaucoup de gens ont des chiens pour **protéger** leurs maisons des cambrioleurs.

prudent, prudente [prew-dAH, -dAHt]
Adjective. prudent. «Soyez **prudents** si vous grimpez aux arbres», conseille papa à Jean et à Ali.

la prune
[prewn]
Noun. plum.

le public [pew-bleek]
Noun. **1.** public. Un large **public** a vu le match de foot hier soir.
2. audience, spectators.

la publicité [pew-blee-see-tay]
Noun. commercials. Regardez-vous la **publicité** à la télé?

puis [pew-ee]
Adverb. then.

le pull-over, le pull [pewl-uv-ehr, pewl]
Noun.
sweater.
Jean a mis
son **pull-over**
car il fait froid.

punir [pew-neer]
Verb. to punish. Maman a **puni** Pipo, car il a mangé les saucisses qui étaient posées sur la table.

le pupitre [pew-peetr]
  Noun. **1.** desk. Les élèves sont assis derrière leurs **pupitres**.
  2. pupitre à musique. music stand.

le puzzle [puzl]
  Noun. puzzle. Mémé ne peut pas finir son **puzzle**, car elle a perdu une pièce.

le pyjama
  [pee-zh-ama]
  Noun. pajamas.

la pyramide
  [peer-a-meed]
  Noun. pyramid.

le quai [kay]
  Noun. platform. Le train pour Paris part du **quai** numéro 2.

quand [kAH]
  I. *Adverb.* **1.** when. «**Quand** oncle Fernand arrivera-t-il?» demande Juliette.
  2. quand même even so. Il pleut, mais Jean est **quand même** sorti promener Pipo.
  II. *Conjunction.* **1.** when. Papa aussi était scout **quand** il était jeune.
  2. when. Jean est autorisé à sortir **quand** il a fini ses devoirs.

quarante [ka-rAHt]
  Adjective. forty.

le quart [kar]
  Noun. quarter. «Quelle heure est-il?» demande Jean. - «Il est trois heures et **quart**.»

le quartier [kart-yay]
  Noun. neighborhood. Jean et Ali habitent dans le même **quartier**.

quatorze [ka-torz]
  Adjective. fourteen.

quatre [katr]
  Adjective. four.

quatre-vingt-dix [katr-vEH-deess]
  Adjective. ninety.

quatre-vingts [katr-vEH]
  Adjective. eighty.

que [ke]
  I. *Pronoun.* **1.** what. «**Que** regardes-tu à la télé, Jean?» demande Juliette. **2. qu'est-ce que** what. «**Qu'est-ce que** c'est?» **3.** that. Le T-shirt **que** porte Jean est rouge.
  II. *Conjunction.* **1.** that. Juliette a dit **que** pour son anniversaire, elle voulait organiser une fête. **2.** as. Juliette est aussi grande **que** Sylvie. **3.** than. Juliette est plus grande **que** Jean.

quel, quelle, quels, quelles [kehl]
  Adjective. which. «**Quel** livre veux-tu?» demande mémé.

quelque [kehl-ke]
  Adjective. some.

quelque chose [kehl-ke sh-oz]
something **«Quelque chose** est
tombé de l'étagère. Mais quoi?»
demande Jean.

quelque part [kehl-ke par]
Adverb. somewhere. «Où est mon
ballon?» demande Annie. «Il est
quelque part dans le jardin»,
répond maman.

quelquefois [kehl-ke fwa]
Adverb. sometimes. Ali vient
quelquefois déjeuner chez Jean.

quelques [kehl-ke]
Adjective. a few. Il y avait
beaucoup de monde à la fête, mais
Juliette ne connaisait que **quelques**
personnes.

quelqu'un [kehl-kUH]
Pronoun. someone. **Quelqu'un**
frappe à la porte.

la question [kehs-ty-OH]
Noun. **1.** question. «Levez la main
si vous savez la réponse à ma
question», dit le professeur. **2. poser
une question** to ask a question.

la queue [la kuh]
Noun.
1. tail.
2. faire la queue
to stand in line. Maman a dû **faire
la queue** chez le boucher avant
d'être servie.

qui [kee]
Pronoun. **1.** who. «**Qui** est cette
dame?» demande mémé. **2.** who,
which. Madame Dupont est la
voisine **qui** a arrosé les plantes
pendant que les Martin étaient en
vacances.

quinze [kEHz]
Adjective. fifteen.

quitter [kee-tay]
Verb. to leave. Les enfants ont
quitté la plage au coucher du soleil.

quoi [kwa]
Pronoun. what.

R

la racine [ra-seen]
Noun.
root.

raconter [ra-kOH-tay]
Verb. to relate, to narrate.

la radio [rad-yo]
Noun.
radio.
Mémé aime
beaucoup écouter la **radio**.

raide [rehd]
Adjective. **1.** stiff. **2.** steep. Jean
pousse son vélo jusqu'au sommet
d'une colline dont la pente est **raide**.

le raisin
[reh-zEH]
Noun.
1. grape.
2. le raisin sec raisin.

la raison [reh-zOH]
Noun. **1.** reason. **2. donner raison
à quelqu'un** to admit that someone is
right.

ramer [ra-may]
Verb.
to row.

ramper [rAH-pay]
Verb. to crawl.
Pipo regardait
la coccinelle
ramper dans l'herbe.

le rang [rAH]
Noun. row.
Papa et maman étaient assis au
premier **rang** pendant la pièce de
théâtre de l'école.

rangé, rangée [rAH-zh-ay]
Adjective. **1.** orderly. **2. bien rangé**
well arranged. «Si seulement la
chambre de Jean était aussi **bien
rangée** que celle de Juliette», soupire
maman. **3. mal rangé** badly arranged.

ranger [rAH-zh-ay]
Verb. to tidy up. Maman a
demandé à Jean de **ranger** sa
chambre qui était vraiment en
désordre.

rapide [ra-peed]
Adjective. rapid.

rappeler [rap-lay]
Verb. **1.** to remind. Maman a **rappelé**
au moins cinq fois à Jean qu'il devait
faire ses devoirs. **2.** to call back.

rapporter [ra-por-tay]
Verb. to bring back.

la raquette [rak-eht]
Noun.
racket.
Maman a une
raquette neuve.

rarement [rarmAH]
Adverb. rarely. Juliette oublie
rarement de faire ses devoirs.

raser [rah-zay]
Verb. to shave.
Oncle Fernand
doit se
raser tous
les matins.

le rasoir [rah-zwar]
Noun. razor.

le rat [ra]
Noun.
rat.

rater [ra-tay]
Verb. **1.** to miss. Jean a **raté** le bus,
car il s'est levé trop tard ce matin.
2. to flunk. Certains élèves ont **raté**
leur examen, mais Jean espère avoir
réussi.

la rayure [ray-ewr]
Noun. stripe.
Ali porte
un T-shirt
à rayures
bleues et
rouges.

recevoir [res-vwar]
Verb. to receive. Jean a **reçu** un
vélo pour Noël.

réclamer [ray-kla-may]
Verb. to claim.

la récolte [ray-kult]
Noun.
harvest.

recommander [rek-um-AH-day]
Verb. to recommend.

la récompense [ray-kOH-pAHs]
Noun. reward. Pépé donne une
barre de chocolat en **récompense**
à Jean parce qu'il a eu une bonne
note à l'école.

le record [re-kor]
Noun. record.

le rectangle [rehk-tAHgl]
Noun.
rectangle.

la rédaction [ray-dak-sy-OH]
Noun. composition.

réel, réelle [ray-ehl]
Adjective. real.

réfléchir [ray-flay-sheer]
Verb. to think. «**Réfléchissez** avant de répondre à cette question», recommande le professeur.

le réfrigérateur [ray-free-zh-ay-ra-tur]
Noun.
refrigerator.
Maman place
le lait dans
le **réfrigérateur**.

refroidir [re-frwa-deer]
Verb. to cool.

refuser [re-few-zay]
Verb. **1.** to refuse. **2.** to decline. Jean **refuse** de faire des courses avec maman, car il veut regarder la télé.

regarder [re-gar-day]
Verb. **1.** to look. **2.** to look at. Annie **regarde** son livre d'images. **3. regarder la télévision** watch TV.

la région [ray-zh-yOH]
Noun. region. La **région** où vivent les Martin est calme.

la règle [reh-gl]
Noun. **1.** rule. La **règle** de l'école interdit de courir dans les couloirs.
2. ruler.

regretter [re-greht-ay]
Verb. **1.** to regret. Papa **regrette** d'avoir oublié de fermer la porte du jardin, car Pipo s'est échappé.
2. to miss. Pépé **regrette** le temps où il allait encore se promener en montagne.

la reine [rehn]
Noun.
queen.

relever [rel-vay]
Verb. **1.** to pick up. **2. se relever** to get up again.

la religion [re-lee-zh-yOH]
Noun. religion.

remarquer [re-mar-kay]
Verb. to notice. Le professeur de maths a **remarqué** que Jean dormait pendant la leçon.

remercier [re-mehrs-yay]
Verb. to thank.
Jean a **remercié** Ali de l'avoir aidé à faire ses devoirs.

remplir [rAH-pleer]
Verb. to fill. Ali **remplit** la bouteille avec de l'eau.

le renard [re-nar]
Noun.
fox.
Le **renard**
rampe
lentement vers les poules.

rencontrer [rAH-kOH-tray]
Verb. **1.** to meet. **2. se rencontrer** meet each other. Jean et Ali ont décidé de **se rencontrer** devant le cinéma.

le rendez-vous [rAH-day-voo]
Noun. appointment, date. Sylvie a **rendez-vous** avec Jean.

rendre [rAH-dr]
Verb. **1.** to render. **2.** to make. Le chien des voisins a de courtes pattes, ce qui le **rend** un peu laid. **3. se rendre à** to go to. Les Martin **se rendent au** concert ce soir.

rentrer [rAH-tray]
Verb. **1.** to return. **2.** to go in again. **3.** to come home. Papa est **rentré** tard du travail.

renverser [rAH-vehr-say]
Verb. **1.** to knock over. **2.** to spill. La serveuse a **renversé** de la soupe sur le pantalon de papa.

réparer [ray-par-ay]
Verb. to repair. «Papa, peux-tu **réparer** ça?» demande Juliette en lui donnant son magnétophone.

le repas [re-pah]
Noun. meal. Jean et Juliette emportent souvent des sandwichs, car le **repas** n'est pas très bon à l'école.

repasser [re-pa-say]
Verb. **1.** to pass by again. **2.** to iron. Maman déteste **repasser** le linge.

répéter [ray-pay-tay]
Verb. **1.** to repeat. Le professeur demande à Juliette de **répéter** la réponse. **2.** practice. Juliette doit **répéter** ses morceaux de musique tous les jours.

répondre [ray-pOH-dr]
Verb. to answer. Quand on lui a demandé s'il avait cassé l'assiette, Jean n'a pas **répondu**.

la réponse [ray-pOHs]
Noun. answer. Juliette écrit la **réponse** à la question dans son cahier d'exercices.

le repos [re-po]
Noun. **1.** rest. **2.** repose.

reposer [re-po-zay]
Verb. **se reposer** to rest. Mémé **se repose** toujours après le déjeuner.

le requin [re-kEH]
Noun. shark.

le respect [reh-speh]
Noun. respect.

la respiration [rehs-peer-as-yOH]
Noun. respiration.

respirer [rehs-peer-ay]
Verb. **1.** to breathe. «Il fait trop chaud ici, je ne peux pas **respirer**», dit mémé. **2.** to inhale.

le restaurant [rehst-or-AH]
Noun. restaurant.

rester [reh-stay]
Verb. **1.** to stay. «Veux-tu **rester** pour déjeuner?» demande maman à Ali. **2.** to remain.

le résultat [ray-zewl-ta]
Noun. result.
Juliette a obtenu un bon **résultat** à l'examen de maths.

le retard [re-tar]
Noun. **1.** lateness.
2. être en retard to be late.
3. avoir du retard to be running late.
L'avion d'oncle Fernand **a** dix minutes de **retard**.

le retour [re-toor]
Noun. **1.** return.
2. return trip.

retourner [re-toor-nay]
Verb. **1.** to return. **2.** to go back.
Pépé et mémé **retournent** en vacances à la montagne cette année.

le rêve [reh-v]
Noun. dream.

le réveil [ray-veh-y]
Noun.
alarm clock.

réveiller [ray-vay-yay]
Verb. **1.** to awaken. «S'il te plaît, peux-tu **réveiller** Jean, sinon il va arriver en retard à l'école», dit maman à Juliette. **2. se réveiller** to wake up. Jean **s'est réveillé** très tard ce matin et a presque raté le bus.

revenir [rev-neer]
Verb. to come back. Mémé et pépé vont **revenir** de vacances demain.

rêver [reh-vay]
Verb.
to dream.
Juliette **rêve**
qu'elle monte
le plus beau
cheval du
monde.

revoir [rev-war]
I. *Verb.* to see again.
II. *Noun.* **au revoir** good-bye.
«**Au revoir**! Et à bientôt!» dit maman à tante Sarah.

le rhinocéros
[reen-us-ay-rus]
Noun. rhinoceros.

le rhume [rewm]
Noun. head cold. Papa a un **rhume** terrible.

riche [reesh]
Adjective. rich.

le rideau [ree-doh]
Noun. curtain, drape. Le soir maman tire les **rideaux**.

rien [ry-EH]
Adverb. **1.** nothing. Ali a tout mangé, il ne reste **rien** dans le réfrigérateur!
2. ça ne fait rien it doesn't matter.

la rime [reem]
Noun. rhyme.

rire [reer]
Verb. to laugh. Jean **rit** parce que Pipo essaie de se mordre la queue.

la rivière [reev-yehr]
Noun. river.

le riz [ree]
Noun.
rice.

la robe [rub]
Noun.
dress.
Maman a
acheté de
belles **robes** en ville.

le robinet
[ru-bee-neh]
Noun. faucet.

le robot [robo]
Noun. robot.

le rocher
[rush-ay]
Noun. rock.

le roi [rwa]
Noun.
king.

rond, ronde [rOH, rOHd]
Adjective. round. Minouche dort
dans un panier **rond**.

ronfler [rOH-flay]
Verb. to snore.
Parfois, papa **ronfle** si fort qu'il
réveille tout le monde.

rose [rohz]
I. *Adjective.*
pink.
II. *Noun.*
la rose
rose.

la rosette
[roh-zeht]
Noun. bow.

le rôti [roh-tee]
Noun. roast.

rôtir [roh-teer]
Verb. to roast. Maman **rôtit** un
morceau de boeuf pour le déjeuner.

la roue [roo]
Noun.
wheel.
Un vélo a
deux **roues**.

rouge [roozh]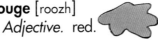
Adjective. red.

rouler [roo-lay]
Verb. **1.** to drive. **2.** to roll. La balle
roule en direction de Pipo.

la route [root]
Noun.
road.
«Il y avait
beaucoup de circulation sur la **route**
ce soir», dit papa, qui arrive tard de
son travail.

la rue [rew]
Noun. street.
Les enfants ne doivent pas jouer au
milieu de la **rue**.

le rugby [rewg-bee]
Noun. rugby. Jean n'aime pas
jouer au **rugby**, car c'est un sport
assez dur.

le ruisseau
[rew-ee-so]
Noun. stream.

russe [rewss]
I. *Adjective.* Russian. **II.** *Noun.*
1. le Russe, la Russe Russian *(m. & f.)*.
2. le russe Russian language.

la Russie [rew-see]
Noun. Russia.

S

sa [sa]
see **son, sa, ses**.

le sable [sah-bl]
Noun. sand.

le sabot du cheval
[sa-bo dew shval]
Noun.
horse's hoof.

le sac [sak]
Noun. **1.** bag.
2. handbag. Maman met les clés
dans son **sac** à main.
**3. le sac
de couchage**
sleeping bag.

le sachet [sash-eh]
Noun. small bag. Juliette met les
raisins dans un **sachet**.

saigner [say-ny-ay]
Verb. to bleed.
Le doigt de
papa **saigne**,
car il s'est
coupé en
essayant de
réparer le vélo de Jean.

la saison [seh-zOH]
Noun. season. L'été est la **saison** la
plus chaude de l'année.

la salade [sa-lad]
Noun. salad.

sale [sal]
Adjective.
dirty.
Les habits
d'Annie
sont très
sales.

la salle [sal]
Noun. **1.** room. **2. la salle à
manger** dining room. La famille
déjeune dans la **salle à manger**.

3. la salle de bain bathroom.
Maman se lave les cheveux dans **la
salle de bain**. **4. la salle de classe**
classroom.

le salon [sa-lOH]
Noun. living room.

salut [sa-lew]
Interjection. **1.** hello. «**Salut** Juliette»,
dit Ali. «Comment vas-tu?»
2. Hi! «**Salut**», dit Ali, «je te vois
demain!».

le samedi [sam-dee]
Noun. Saturday.

la sandale
[sAH-dal]
Noun. sandal.

le sandwich [sAHd-weesh]
Noun. sandwich. Ali mange
toujours au moins cinq **sandwichs**
à midi!

le sang [sAH]
Noun. blood. Papa s'est coupé le
doigt et son **sang** coule sur le tapis.

sans [sAH]
Preposition. without. Jean est allé à
l'école **sans** faire ses devoirs.

la santé [sAH-tay]
Noun. **1.** health.
2. en bonne santé good health.
Pépé reste **en bonne santé** parce
qu'il mange beaucoup de fruits et de
légumes frais.

le sapin [sa-pEH]
Noun. **1.** fir tree. **2. le sapin de
Noël** Christmas tree.

la sauce [sohs]
Noun.
sauce.
«Veux-tu de
la **sauce**
tomate avec tes spaghettis?»
demande maman à Jean.

la saucisse [soh-seess]
Noun. sausage. Pipo essaie
d'attraper les **saucisses** qui se
trouvent sur la table.

sauter [so-tay]
Verb. 1. to leap. Minouche **saute**
de l'arbre sur le mur. 2. to jump.
Annie adore **sauter** sur son lit.

la sauterelle [sot-rehl]
Noun. grasshopper.
Jean a ouvert la petite boîte et a
laissé s'échapper la **sauterelle** dans
la salle de classe.

sautiller
[so-tee-yay]
Verb. to skip.
Annie **sautille**
sur une jambe
le long du
trottoir.

sauvage [so-vazh]
Adjective. wild. Généralement, les
animaux **sauvages** ont peur des
gens.

sauver [so-vay]
Verb. 1. to
rescue.
Juliette a
sauvé le
garçon qui était tombé dans l'eau.
2. **se sauver** to run away. Quelqu'un
a oublié de fermer la porte du jardin
et maintenant Pipo **s'**est **sauvé**.

le savant, la savante [sa-vAH, -vaAHt]
Noun. scholar
(male, female).

savoir [sav-war]
Verb. 1. to know. «**Sais**-tu à quelle
heure commence le concert?»
demande Sylvie. 2. know how.
Jean **sait** nager.

le savon [sa-vOH]
Noun. soap.

la scie [see]
Noun.
saw.

scier [see-yay]
Verb. to saw. Jean s'est coupé le
doigt en aidant papa à **scier** du bois.

le scooter [skoo-tehr]
Noun. scooter.

le scout [skoot]
Noun. scout.

le seau [so]
Noun.
pail.

sec, sèche [seh-k, seh-sh]
Adjective. dry. Pépé arrose le
jardin, car le sol est très **sec**.

sécher [say-shay]
Verb. to dry.
Maman accroche
le linge dans le jardin
pour qu'il **sèche** plus vite.

second, seconde [sgOH, sgOHd]
Adjective. second.
Jean a raté le bus pour la **seconde**
fois cette semaine.

la seconde [sgOHd]
Noun. second.

103

secouer [skway]
Verb. to shake. Jean a **secoué** la branche et trois pommes sont tombées.

le secours [skoor]
Noun. **1.** help. **2. crier au secours** to shout for help.

le secret [sek-reh]
Noun. secret.
Juliette veut apprendre le **secret** de Jean, mais il se tait.

seize [sehz]
Adjective. sixteen.

le sel [sehl]
Noun.
salt.

la selle [sehl]
Noun.
saddle.

la semaine [smehn]
Noun. week. La classe de Jean va faire du camping pendant une **semaine** au mois de juin.

semblable [sAH-bla-bl]
Adjective. **1.** alike.
2. similar.

sembler [sAH-blay]
Verb. to seem.

semer [se-may]
Verb. **1.** to seed. **2. semer quelqu'un** to shake off someone. Les voleurs n'ont pas réussi à **semer** la police.

le sentier [sAHt-yay]
Noun. path.

sentir [sAH-teer]
Verb. **1.** to feel. **2.** to smell. Pipo **sent** la bonne odeur des saucisses et pense qu'elles sont pour lui. **3. se sentir** to feel. Ali ne **se sent** pas bien, il a probablement trop mangé.

séparer [say-par-ay]
Verb. **1.** to separate. **2. séparer en deux** to split in two.

sept [seht]
Adjective. seven.

septembre [sehp-tAH-br]
Noun, masculine. September.

sérieux, sérieuse [sayr-yuh, -yuhz]
Adjective. **1.** serious. **2. je suis sérieux** I am serious.

le serpent
[sehr-pAH]
Noun. snake.

serrer [say-ray]
Verb. to press. Annie **serre** la main de maman.

la serveuse [sehr-vuhz]
Noun. waitress.

la serviette [sehr-vyeht]
Noun. **1.** towel.
2. napkin.
3. briefcase.

servir [sehr-veer]
Verb. **1.** to serve. **2.** to wait on. La jeune fille, qui **servait** les Martin au restaurant, n'était pas très habile. **3. se servir** to serve oneself.

ses [say]
see **son.** Jean veut inviter tous **ses** amis à sa fête d'anniversaire.

seul, seule [sul]
Adjective. **1.** alone. Pipo reste **seul** à la maison quand tout le monde va à l'église. **2. se sentir seul** to feel lonely.

seulement [sul-mAH]
Adverb. **1.** just. Il reste **seulement** trois biscuits, un pour chaque enfant. **2.** only. Il est **seulement** quatre heures.

le shampooing [shAH-pwEH]
Noun. shampoo.

le short [short]
Noun. shorts.

si [see]
I. Conjunction. **1.** if. «**Si** le temps est beau demain, nous ferons un pique-nique», propose maman.
2. if. «Savez-vous **si** le bus est déjà parti?» demande mémé.
II. Adverb. **1.** yes. «Tu n'as pas encore fait tes devoirs», dit maman. «**Si**, je les ai faits depuis longtemps», répond Jean. **2.** so. «Je suis **si** fatiguée!» dit maman. «Tout ce que je veux c'est un lit pour dormir.»

le siècle [sy-ehkl]
Noun. century.

le siège [sy-eh-zh]
Noun. **1.** seat. Les enfants doivent s'asseoir sur les **sièges** arrière de la voiture. **2.** armchair.

le sien, la sienne, les siens, les siennes [syEH, sy-ehn]
Pronouns. **1.** his, hers. «Laquelle est la mienne et laquelle est la **sienne**?» demande mémé à Juliette qui vient d'apporter deux tasses de café pour elle et pépé.
2. his, hers. Jean fait ses devoirs et Juliette fait les **siens**.

siffler [see-flay]
Verb. to whistle. Papa chante et **siffle** souvent dans son bain.

le sifflet [see-fleh]
Noun. whistle.

le signe [see-ny]
Noun. sign.

le silence [see-lAHs]
Noun. **1.** stillness. **2.** silence. «**Silence** dans la classe!» crie le professeur.

s'il te plaît [seel te pleh]
Interjection. please (familiar). «Jean, puis-je avoir une glace, **s'il te plaît**?» demande Annie.

s'il vous plaît [seel voo pleh]
Interjection. please (respectful). «Les enfants, puis-je avoir toute votre attention, **s'il vous plaît**?» demande le professeur.

simple [sEH-pl]
Adjective. simple.

le singe
[sEH-zh]
Noun.
monkey.

sinon [see-nOH]
Conjunction. if not. «Reste tranquille, **sinon** tu vas réveiller Annie», souffle maman.

six [seess]
Adjective. six.

ski

le ski [skee]
Noun. skiing.

skier [skee-yay]
Verb. to ski. Ali ne **skie** pas très bien, il tombe très souvent.

le slip [sleep]
Noun.
briefs.

la soeur [sur]
Noun. sister. Juliette et Annie sont les **soeurs** de Jean.

la soif [swaf]
Noun.
1. thirst.
2. **avoir soif** to be
thirsty. «Puis-je avoir un verre de lait, j'**ai soif**», dit Ali.

le soir [swar]
Noun. 1. evening. 2. in the evening. Jean a fait ses devoirs **le soir.** 3. **ce soir** tonight. Ali reste dîner chez les Martin **ce soir.**

la soirée [swar-ay]
Noun.
evening.

soixante [swa-sAHt]
Adjective. sixty.

soixante-dix [swa-sAHt deess]
Adjective. seventy.

le sol [sul]
Noun. soil. En automne le **sol** est couvert de feuilles.

le soldat [sul-da]
Noun.
soldier.

le soleil [sul-eh-y]
Noun.
sun.
Le **soleil** brille
aujourd'hui.

solide [sul-eed]
Adjective. solid.

solitaire [sul-ee-tehr]
Adjective. solitary.

sombre [sOH-br]
Adjective. dark. Quand il commence à faire **sombre**, maman allume la lumière.

le sommet [sum-eh]
Noun. 1. summit. 2. top.

son, sa, ses [sOH, sa, say]
Adjectives. 1. his, her. Jean demande à **ses** parents s'il peut sortir avec **son** ami Ali. 2. his, her. Sylvie demande à **sa** maman si elle peut aller à la fête avec **son** petit ami.

le son [sOH]
Noun.
1. sound. 2. ringing.

sonner [sun-ay]
Verb. 1. to ring.
Pipo aboie
toujours
quand le
téléphone
sonne.
2. to toll.
Les cloches de l'église sonnent le dimanche matin.

la sonnette [sun-eht]
Noun. small bell, house bell.

le sorcier, la sorcière
[sors-yay, -yehr]
Noun. sorcerer, sorceress, wizard, witch.

la sorte [sort]
Noun. **1.** kind. «Quelle **sorte** de musique aimes-tu?» demande Juliette à Sylvie. **2.** sort. Dans son jardin, pépé cultive différentes **sortes** de légumes.

la sortie [sor-tee]
Noun.
exit.
Le cinéma a plusieurs **sorties** en cas d'urgence.

sortir [sor-teer]
Verb. **1.** to go out. **2.** to come out.

le souci [soo-see]
Noun. **1.** worry. **2. se faire du souci** to worry. Maman **se fait du souci**, car Jean n'est pas encore rentré de l'école.

la soucoupe
[soo-koop]
Noun. saucer.

souffler [soo-flay]
Verb. **1.** to blow. Pour jouer de la trompette, il faut **souffler** dedans. **2.** to blow. Le vent **souffle** si fort qu'il emporte le chapeau de pépé. **3.** to puff. Après deux minutes de course, Ali doit déjà **souffler**. **4.** to whisper.

le souhait [sweh]
Noun. **1.** wish. **2. avec les meilleurs souhaits** with best wishes.

souhaiter [sway-tay]
Verb. to wish. Tante Sarah a appelé Juliette pour lui **souhaiter** un joyeux anniversaire.

soulever [sool-vay]
Verb. to lift. La valise de Juliette est si lourde qu'elle ne peut pas la **soulever**.

la soupe [soop]
Noun.
soup.

le sourcil [soor-see]
Noun.
eyebrow.

sourd, sourde [soor, soord]
Adjective. deaf. Pépé commence à être un peu **sourd**.

le sourire [soo-reer]
Noun. smile.

sourire [soo-reer]
Verb. to smile. Annie est malade, mais quand Papa lui a raconté une histoire elle a quand même **souri**.

la souris [soo-ree]
Noun.
mouse.

sous [soo]
Preposition. **1.** under. Pipo s'est échappé en passant **sous** le grillage. **2.** below. L'avion volait **sous** les nuages.

soutenir [soot-neer]
Verb. to support.

souvenir [soo-vneer]
Verb.
to remember.
Jean **se**
souvient du
jour où Pipo a chassé un écureuil.

souvent [soo-vAH]
Adverb. often. Les enfants mangent
souvent des sandwichs à midi.

les spaghettis [spa-gay-tee]
Noun, masculine. spaghetti.
Jean adore les **spaghettis** à la sauce
tomate.

le spectateur, la spectatrice
[spehk-ta-tur, -treess]
Noun. spectator
(male, female).

le sport [spor]
Noun. sport. Les élèves ont cours de
sport le jeudi matin.

sportif, sportive [spor-teef, -teev]
  I. *Adjective.* athletic.
  II. *Noun.*
  le sportif,
  la sportive
  athlete *(male,*
  female).

stable [sta-bl]
Adjective. **1.** stable. **2.** steady.

le stade [stad]
Noun.
stadium.

le stand [stAHd]
Noun. stand. Maman achète
des pommes de terre au **stand**
des légumes.

la station-service [stas-yOH sehr-veess]
Noun. service station.

la statue [sta-tew]
Noun.
statue.

le steak [stehk]
Noun. steak.

stop [stup]
Interjection. stop!

stupide [stew-peed]
Adjective. stupid. Juliette a fait deux
fautes **stupides** dans son devoir.

le stylo [stee-lo]
Noun. **1. le stylo à encre**
fountain pen.
2. le stylo-bille ballpoint pen.

la sucette
[sew-seht]
Noun.
lollipop.

le sucre [sew-kr]
Noun.
sugar.

sucré, sucrée [sew-kray]
Adjective. sweet. Ali est aussi gros
parce qu'il mange beaucoup de
petits gâteaux **sucrés**.

le sud [sewd]
Noun. South.

la Suède [sew-ehd]
Noun. Sweden.

suédois, suédoise [sew-ay-dwa, -dwaz]
  I. *Adjective.* Swedish.
  II. *Noun.* **1. le Suédois, la Suédoise**
  Swede *(male, female).*
  2. le suédois Swedish language.

suisse [sew-eess]
I. *Adjective.* Swiss.
II. *Noun.* **le Suisse, la Suissesse**
Swiss *(male, female).*

la Suisse [sew-eess]
Noun. Switzerland.

suivre [sew-eevr]
Verb. to follow. Juliette et Sylvie ont **suivi** Jean et Ali pour voir ce qu'ils allaient faire.

super [sew-pehr]
Adjective. super. «On a passé un **super** après-midi au zoo, maman», dit Jean.

le supermarché
[sew-pehr-mar-shay]
Noun.
supermarket.
Maman et
papa
font des courses
au **supermarché** le samedi.

supporter [sew-por-tay]
Verb. **1.** to endure. **2.** to bear.

sur [sewr]
Preposition.
1. on.
Pépé a posé
sa pipe **sur**
la table.
2. over.
Le pont **sur**
la rivière
est construit
en bois. **3.** about. Pour son anniversaire, papa et maman ont offert un livre **sur** les chevaux à Juliette.

sûr, sûre [sewr]
Adjective. sure. Ali met toujours son argent de poche en lieu **sûr** sous le matelas de son lit.

surprendre [sewr-prAH-dr]
Verb. to surprise.

la surprise [sewr-preez]
Noun. surprise. Oncle Fernand nous a fait une agréable **surprise** en nous rendant visite.

le sweatshirt
[sweht-shurt]
Noun. sweatshirt.

ta [ta]
see **ton.**

la table [tabl]
Noun.
table.
Maman est
assise à la
table.

le tableau [tab-loh]
Noun.
1. chalkboard.
Le professeur
écrit au
tableau.
2. painting, picture.

la tablette [tab-leht]
Noun. bar (of chocolate).
Parfois, mémé achète une **tablette** de chocolat pour les enfants.

T tache

la tache [tash]

Noun.
stain.
Il y a une
grande **tache**
sur la veste
de Jean.

la taille [tah-y]

Noun. **1.** height of person.
2. size. **3.** waist.
Juliette porte une ceinture rouge
autour de la **taille**.

se taire [se tehr]

Verb. to be silent.

le talon [ta-lOH]

Noun. **1.** heel. Juliette donne des
coups de **talon** à son cheval pour le
faire courir plus vite. **2.** heel (shoe).
Juliette veut acheter des chaussures à
hauts **talons**.

le tambour [tAH-boor]

Noun.
drum.
Annie fait
fuir tout le
monde quand
elle commence
à jouer du **tambour**.

la tante [tAHt]

Noun. aunt.

le tapis [ta-pee]

Noun. carpet. Minouche est
couchée sur le **tapis** devant la
cheminée.

tard [tar]

Adverb. late. Jean a raté le bus
parce qu'il s'est levé trop **tard**.

le tas [tah]

Noun.
1. heap.
Jean a jeté
ses habits
d'école sur
un **tas** de linge
en pensant que
maman allait s'en occuper. **2.** pile.
Il y a un **tas** de jouets dans la
chambre de Jean.

la tasse [tahs]

Noun.
cup.
«Prendrez-vous une **tasse** de thé?»
demande mémé.

le taxi

[tak-see]
Noun. taxi.

te, t' [te, t']

Pronoun. **1.** you. «Je **te** verrai ce
soir!» dit Ali à Jean. **2.** to you.

le téléphone

[tay-lay-fun]
Noun. telephone.

téléphoner [tay-lay-fun-ay]

Verb. to phone.

la télévision, la télé

[tay-lay-vee-zyOH, tay-lay]
Noun.
television, TV.
«Il y a un bon
film à la
télévision
ce soir»,
dit papa.

tellement [tehl-mAH]

Adverb. so much. Ali aime
tellement le chocolat qu'il en
mange tout le temps.

la température [tAH-pay-ra-tewr]
Noun. **1.** temperature.
2. avoir de la température to have a fever. «Annie **a de la température**, je crois qu'elle a la grippe», dit maman.

la tempête [tAH-peht]
Noun. storm, tempest.

le temps [tAH]
Noun. **1.** time. Jean a mis beaucoup de **temps** à faire ses devoirs. **2.** weather. Si le **temps** fait beau, la famille Martin fera un pique-nique dimanche prochain. **3. de temps en temps** from time to time.

tendre [tAH-dr]
Adjective. **1.** tender. **2.** gentle.

tendre [tAH-dr]
Verb. to stretch out. Mémé **tend** la main à Juliette pour lui donner de l'argent.

tenir [te-neer]
Verb. **1.** to hold. Sylvie **tient** le sac de Juliette pendant que celle-ci noue ses lacets. **2.** to hold on. Juliette **se tient** à la barre pour faire ses exercices de danse.

le tennis [tehn-eess]
Noun. tennis. Maman joue souvent au **tennis** avec des amis.

la tente [tAHt]
Noun. tent.
Papa et Jean montent la **tente** à l'intérieur du camping.

terminer [tehr-mee-nay]
Verb. to terminate.

le terrain [tehr-EH]
Noun.
1. terrain.
2. le terrain de jeu playground.
3. le terrain de sport sports field.

la terrasse [tehr-ahss]
Noun. terrace.

la terre [tehr]
Noun.
1. earth. Les vers vivent dans la **terre**, c'est pourquoi on les appelle aussi vers de **terre**. **2. par terre** on the ground. Beaucoup de pommes sont tombées **par terre**. **3.** land. **4.** world.

terrible [tehr-ee-bl]
Adjective. terrible. Papa a un rhume **terrible**.

tes [tay]
see **ton**.

le test [tehst]
Noun. test.

la tête [teht]
Noun. head. Annie s'est cogné la **tête** contre le coin de la table.

T

le thé [tay]
Noun. tea.

le théâtre [tay-ah-tr]
Noun. theater.

le thermomètre [tehr-mum-eh-tr]
Noun.
thermometer.

le ticket [tee-keh]
Noun. ticket.
Juliette a montré son **ticket** au contrôleur du bus.

le tien, la tienne, les tiens, les tiennes
[tyEH, ty-ehn, tyEH, ty-ehn]
Pronouns. yours.

la tige [tee-zh]
Noun.
stem.
La **tige** est verte.

le tigre [tee-gr]
Noun.
tiger.

le timbre [tEH-br]
Noun.
postage stamp.

timide [tee-meed]
Adjective. shy. Annie était trop **timide** pour parler et se cachait toujours derrière maman.

tirer [tee-ray]
Verb. **1.** to pull. **2.** score a goal. Jean a **tiré** au but à la dernière minute du jeu.

la tirette [teer-eht]
Noun. pull cord (drape, venetian blind).

le tiroir [teer-war]
Noun. drawer. Maman range les fourchettes dans le **tiroir**.

le toast [tost]
Noun. toast. Juliette a mangé deux **toasts** au petit déjeuner.

le toboggan [tub-ug-AH]
Noun. toboggan.

toi [twa]
Pronoun. **1.** you.
2. toi-même yourself.

la toilette [twa-leht]
Noun.
1. les toilettes toilet(s).
2. faire sa toilette to wash and dress oneself.

le toit [twa]
Noun. roof. Minouche a grimpé sur le **toit** de la maison pour essayer d'attraper des oiseaux.

la tomate [tum-at]
Noun.
tomato.

tomber [tOH-bay]
Verb. to fall. Jean est **tombé** de l'arbre et s'est cogné la tête contre le sol.

ton, ta, tes [tOH, ta, tay]
Adjectives. your. «Jean, **ton** cartable est là», dit maman.

tondre [tOH-dr]
Verb.
to mow, clip, cut.
En été
il faut
tondre le
gazon
chaque
semaine.

le tonnerre [tun-ehr]
Noun. thunder. Minouche a
peur du **tonnerre** et se cache
toujours sous le lit quand il y a de
l'orage.

la tortue [tor-tew]
Noun.
tortoise, turtle.

tôt [toh]
Adverb. early. Les enfants se lèvent
tôt le matin, mais papa se lève
encore plus **tôt**.

total, totale [tut-al]
Adjective. total.

toucher [too-shay]
Verb. **1.** to touch. «Attention, ne
touche pas le fer à repasser car il est
très chaud», dit maman. **2. être**
touché to be touched. Juliette **a été**
très **touchée** par la carte que tante
Sarah lui a envoyée pour son
anniversaire.

toujours [too-zh-oor]
Adverb. **1.** always. Ali prend
toujours le bus pour aller à l'école.
2. still. Jean n'est pas venu à l'école
depuis une semaine, il est **toujours**
malade.

le tour [toor]
Noun. **1.** stroll. **2.** walk.
Jean est parti faire un **tour** avec
Pipo. **3.** trick. Jean joue un **tour** à
Juliette en mettant un insecte dans
son lit.

la tour [toor]
Noun. tower. Annie construit une
tour avec ses blocs de bois.

le, la touriste [toor-eest]
Noun. tourist (male, female).

tourner [toor-nay]
Verb. **1.** to turn. Mémé a **tourné** sa
chaise pour mieux voir la télévision.
2. to turn. Juliette **tourne** la page de
son livre.
3. to turn. Maman doit **tourner** à
droite pour aller à la poste.

le tournesol
[toorn-sul]
Noun. sunflower.

le tournevis [toorn-vee]
Noun.
screwdriver.

tousser [too-say]
Verb. to cough.

tous, toutes [too, toot]
Adjective. all.
Toutes les fenêtres
sont ouvertes.

tout [too]
Pronoun. all. Juliette a **tout** sorti
du tiroir.

tout, toute [too, toot]
I. Adjective. **1.** all.
2. the whole. Il a neigé **toute** la
journée. **3. tout le monde** everyone.
Tout le monde applaudissait à la fin
du concert.
II. Adverb. **1.** all. Pipo était **tout**
couvert de boue. **2. pas du tout** not
at all. «Es-tu fatigué?» – «Non, **pas**
du tout.» **3. tout à coup** suddenly.
4. tout à fait completely. **5. tout de**
suite immediately.

le tracteur [trak-tur]
Noun.
tractor.

le train [trEH]
Noun.
1. train.
Tante Sarah
aime voyager
en **train**.
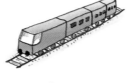
2. **aller en train** to go by train.

le trait [treh]
Noun. line. «S'il vous plaît, tirez
un **trait** sur toute la page», dit le
professeur.

traiter [tray-tay]
Verb. to treat.
Jean **traite**
toujours Pipo
avec amour.

le trajet [tra-zh-eh]
Noun. journey. Les Martin font le
trajet de la maison à la mer en
deux heures.

le tramway [tram-weh]
Noun. streetcar.

tranchant, tranchante [trAH-shAH, -shAHt]
Adjective. 1. sharp. 2. **fais attention!**
careful! «Fais attention, ce couteau
est très **tranchant**», avertit maman.

la tranche [trAHsh]
Noun. slice. Maman coupe le pain
en **tranches**.

tranquille [trAH-kee-y]
Adjective. 1. quiet. 2. still. «Reste
tranquille, sinon tu vas réveiller
Annie», souffle maman.

transporter
[trAH-spor-tay]
Verb.
to transport.
Le train
transporte
les bagages.
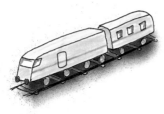

le travail [tra-va-y]
Noun. 1. work. Papa aime
beaucoup son **travail**. 2. job.
La mère d'Ali a un **travail** à la poste.
3. job. C'est le **travail** de Pipo de
faire peur aux cambrioleurs.

travailler [tra-va-yay]
Verb. to work. Papa **travaille** dans
le jardin.

à travers [a-tra-vehr]
Preposition. through. Minouche s'est
glissée **à travers** le trou du grillage.

traverser [tra-vehr-say]
Verb. 1. to go across.
2. to cross. «Regardez à droite et à
gauche avant de **traverser** la rue!»

treize [trehz]
Adjective. thirteen.

trente [trAHt]
Adjective. thirty.

très [treh]
Adverb. very. Ali mange **très**
souvent du chocolat.

le trésor [tray-zor]
Noun. treasure. Jean pense qu'il y
a un **trésor** enterré dans le jardin,
mais c'est seulement un os de Pipo.

le triangle
[tree-yAH-gl]
Noun. triangle.

le tricot de corps [tree-kohd kor]
Noun. undershirt.

tricoter [tree-kut-ay]
Verb. to knit.
Mémé **tricote**
un pull pour Annie.

triste [treest]
Adjective. sad. Annie est **triste** car oncle Fernand part aujourd'hui.

trois [trwah]
Adjective. three.

troisième [trwah-zyehm]
Adjective. third.

la trompette [trOH-peht]
Noun.
trumpet.

trop [troh]
Adverb. **1.** too. Jean trouvait les additions **trop** difficiles, alors il a demandé à papa de l'aider.
2. too much. Ali mange **trop**, c'est pourquoi il est aussi gros.

le trottoir [trut-war]
Noun. sidewalk. Les piétons doivent marcher sur le **trottoir**.

le trou [troo]
Noun.
hole.
Les moutons
se sont échappés par un **trou** du grillage.

le troupeau [troo-poh]
Noun.
flock.
Le berger
garde son
troupeau de
moutons.

la trousse [trooss]
Noun. pencil box.

trouver [troo-vay]
Verb. **1.** to find. Pipo a **trouvé** un os dans les buissons. **2. trouver que...** to find that... «Je **trouve que** c'est

une bonne idée d'aller au cinéma ce soir.»

le T-shirt [tee-shurt]
Noun.
1. T-shirt
2. undershirt.

tu [tew]
Pronoun. you (familiar). «Jean, que fais-**tu**?» demande maman.

le tube [tewb]
Noun. tube.
Jean a tellement pressé le **tube** de dentifrice qu'il en a laissé tomber par terre.

le tube respiratoire [tewb rehs-pee-ra-twar]
Noun. respiratory tube.

la tulipe [tew-leep]
Noun. tulip.
Pépé est très en colère, car Pipo s'est couché sur les **tulipes**.

turc, turque [tewrk]
I. Adjective. Turkish.
II. Noun. **1. le Turc, la Turque** Turk (male, female). **2. le turc** Turkish language.

la Turquie [tewr-kee]
Noun. Turkey.

U

un, une [UH, ewn]
I. Indefinite article. a, an.
Juliette a **un** frère et **une** soeur.
II. Pronoun. one.
«Veux-tu un bonbon, Ali? Il en reste **un**», dit Jean.

U

uniforme

un uniforme [ew-nee-form]
Noun.
uniform.
En Angleterre,
les élèves
portent
souvent des

uniformes, mais pas en France.

une université [ew-nee-vehr-see-tay]
Noun. university. Le fils des
voisins étudie les maths à
l'**université**.

une usine
[ew-zeen]
Noun. factory.

utiliser [ew-tee-lee-zay]
Verb. to use. Maman **utilise** une
éponge pour nettoyer la table.

V

les vacances [vak-AHs]
Noun, feminine. **1.** vacation.
En France, les écoles sont fermées du
début juillet au 15 septembre pour
les grandes **vacances**. **2.** vacation.
Les Martin partent en **vacances** la
semaine prochaine.

la vache [vash]
Noun.
cow.

la vague [vag]
Noun. wave.

le vaisseau spatial [veh-so spas-yal]
Noun. spaceship.

la vaisselle [veh-sehl]
Noun. dishes.

la valeur [va-lur]
Noun. value.

la valise [val-eez]
Noun.
1. suitcase.
**2. faire ses
valises** to pack
one's suitcases.

la vallée [va-lay]
Noun. valley.

la vapeur [va-pur]
Noun.
steam.
Un nuage de
vapeur
s'échappait de la bouilloire.

le vase [vahz]
Noun.
vase.

le veau, les veaux [voh, voh]
Noun.
calf.
La vache
et son **veau**
ont suivi le
fermier dans
les champs.

le vélo [vay-loh]
Noun. bike.

vendre [vAH-dr]
Verb. to sell. Dans un supermarché,
on **vend** beaucoup de choses
différentes.

le vendredi [vAH-dre-dee]
Noun. Friday.

venir [vneer]
Verb. **1.** to come. Jean et Juliette **viennent** cet après-midi à quatre heures. **2. venir de faire quelque chose** to have just done something. Jean **vient de** jouer au football.

le vent [vAH]
Noun. wind. Le **vent** souffle fort aujourd'hui.

le ventre [vAH-tr]
Noun. stomach.

le ver [vehr]
Noun.
1. worm.
2. le ver de terre earthworm.

vérifier [vay-reef-yay]
Verb. to verify. Papa **vérifie** les pneus de la voiture avant de partir en vacances.

véritable [vay-ree-tabl]
Adjective. **1.** real. «Ce collier est-il en or **véritable**?» demande Juliette.
2. genuine.

le verre [vehr]
Noun.
drinking glass.

le vers [vehr]
Noun. verse.

vers [vehr]
Preposition. **1.** to. **2.** toward. «Qui est cet homme qui vient **vers** moi», se demande Jean.
3. to. **4.** about. **Vers** deux heures.

verser [vehr-say]
Verb. **1.** to pour. Jean a **versé** du lait dans son verre.
2. to pour out.

vert, verte [vehr, vehrt]
Adjective.
green.

la veste [vehst]
Noun.
jacket.

le veston [vehs-tOH]
Noun. suit jacket.

le vêtement [veht-mAH]
Noun. **1.** clothing.
2. les vêtements articles of clothing.

le, la vétérinaire [vay-tay-ree-nehr]
Noun. veterinary (male, female).
Il faut conduire Minouche chez le **vétérinaire**, car elle s'est fait mal à la patte.

la viande [vyAHd]
Noun. meat. Annie ne mange pas de **viande**.

vide [veed]
Adjective. empty. Le nid de l'oiseau n'est pas **vide**, il y a trois oeufs dedans.

vider [vee-day]
Verb. to empty.
Ali a tellement soif qu'il a déjà **vidé** trois verres de limonade.

la vie [vee]
Noun. life.

vieillir [vyay-yeer]
Verb. to become old.

vieux, vieil, vieille [vyuh, vyeh-y, vyeh-y]
Adjective. old.

vilain, vilaine [vee-lEH, -lehn]
Adjective. **1.** naughty. **2.** nasty.
3. mean.

le village [vee-lazh]
Noun. village.

la ville [veel]
Noun.
city, town.
Les grandes
villes sont
pleines de
gens et de voitures.

le vin [vEH]
Noun.
wine.
Pépé aime
boire un verre de **vin** le soir.

le vinaigre [vee-nehgr]
Noun. vinegar.

vingt [vEH]
Adjective. twenty.

violent, violente [vyul-AH, -AHt]
Adjective. **1.** violent. Il y a eu un
violent orage hier soir. **2.** fierce.

violet, violette
[vyul-eh, vyul-eht]
I. Adjective.
violet.
II. Noun.
la violette
violet.

le violon [vyul-OH]
Noun. violin.

le violoncelle
[vyul-OH-sehl]
Noun. cello.

le virage [vee-razh]
Noun. turn (of car).

la vis [veess]
Noun.
screw.

le visage [vee-za-zh]
Noun. face.

viser [vee-zay]
Verb. to aim (at).
Juliette **vise**
son papa
et lui jette
une boule de neige.

la visite [vee-zeet]
Noun. **1.** visit.
2. inspection.
3. rendre visite pay a visit.
Les enfants ont **rendu visite** à pépé
quand il était à l'hôpital.

visiter [vee-zee-tay]
Verb. to visit.
Les enfants ont **visité** le zoo avec
pépé, mais la **visite** était courte.

le visiteur [vee-zee-tur]
Noun. visitor.
Il y avait beaucoup de **visiteurs** au
zoo hier.

vite [veet]
Adverb. **1.** fast. **2. plus vite** faster.
3. moins vite slower.
Jean court **vite**, **plus vite** que Juliette,
mais beaucoup **moins vite** qu'un
guépard.

la vitesse [veet-ehss]
Noun. **1.** speed.
2. swiftness.

la vitre [veetr]
Noun. glass (of a window).

vivant, vivante [vee-vAH, vee-vAHt]
Adjective. **1.** alive. **2.** living.

vivre [veevr]
Verb.
1. to live.
Le poisson **vit** dans l'eau.
2. to reside. Les Martin **vivent** à Strasbourg.

le voeu [vuh]
Noun. **1.** wish.
2. les voeux best wishes.
«Tous mes **voeux** pour la nouvelle année», dit Jean à pépé le premier jour de l'an.
3. faire un voeu to make a wish.

la voie [vwa]
Noun. **1.** track. **2.** lane.
L'autoroute a au moins quatre **voies**.

voilà [vwa-la]
Adverb. **1.** There (it) is!
2. There (they) are!
«Voilà vos sandwichs pour demain!» dit maman.
3. voilà! There you are!

la voile [vwal]
Noun.
1. sail.
2. faire de la voile to go sailing.

le voilier [vwal-yay]
Noun. sailboat.

voir [vwar]
Verb. to see. «Avez-vous **vu** mes lunettes?» demande mémé.

le voisin, la voisine [vwa-zEH, -zeen]
Noun. neighbor *(male, female).*
Madame Dupont est la **voisine** des Martin.

la voiture [vwa-tewr]
Noun. **1.** car. Jean aide papa à laver la **voiture**.
2. la petite voiture toy car.
3. la voiture de pompiers fire truck.

la voix [vwah]
Noun. **1.** voice. Juliette aime beaucoup la **voix** de son chanteur favori. **2. à haute voix** aloud.
«Regardez le monsieur au grand nez», dit Jean **à haute voix**.

voler [vul-ay]
Verb. **1.** to fly. Les oiseaux **volent** dans le ciel. **2.** to steal. Les cambrioleurs ont **volé** la télé et le magnétoscope.

le voleur, la voleuse
[vul-ur, -uhz]
Noun.
thief *(male, female).*

le volley-ball [vul-eh-bol]
Noun. volleyball.

le volume [vul-ewm]
Noun.
volume.

vos [vo]
see **votre**.

votre, vos [vutr, vo]
Adjective. **1.** your. «Jean, Juliette, voici **vos** jus de pomme et **votre** gâteau», dit mémé. **2.** your.
«Madame Martin, voilà **votre** arrosoir», dit Madame Dupont.

le vôtre, la vôtre, les vôtres [voh-tr]
Pronouns. yours.
Ce chapeau est **le vôtre**.

vouloir [vool-war]
Verb. **1.** to want. Juliette **veut** aller au cinéma avec Sylvie. **2.** to like. «Qui **veut** encore des frites?» demande maman.

vous [voo]
Pronoun. **1.** you. «Madame Dupont, pourriez-**vous** arroser les plantes pendant que nous sommes en vacances?» demande pépé. **2.** you. «Juliette! Jean! Voulez-**vous** du thé?» demande mémé. **3.** to you.

le voyage [vwa-ya-zh]
Noun. **1.** travel. **2.** trip.

voyager [vwa-ya-zh-ay]
Verb. to travel. Sylvie aime **voyager** à l'étranger.

vrai, vraie [vreh]
Adjective. **1.** true. Pépé raconte une histoire **vraie** à Annie ce soir. **2.** real.

vraiment [vreh-mAH]
Adverb. really. «S'il te plaît maman, puis-je aller au cinéma, j'ai **vraiment** envie de voir ce film», demande Jean.

W

le wagon [va-gOH]
Noun. railroad car.

le week-end [week-ehnd]
Noun. weekend.
Jean aime les **week-ends**, car il peut rester longtemps au lit le matin.

Y

le yaourt
[ya-oor]
Noun. yogurt.

Z

le zèbre
[zeh-br]
Noun.
zebra.

zéro [zay-ro]
Noun, masculine. zero.

la zone [zohn]
Noun. zone.

le zoo [zoh]
Noun.
zoo.

Pictures Arranged by Topics

Ma famille et moi

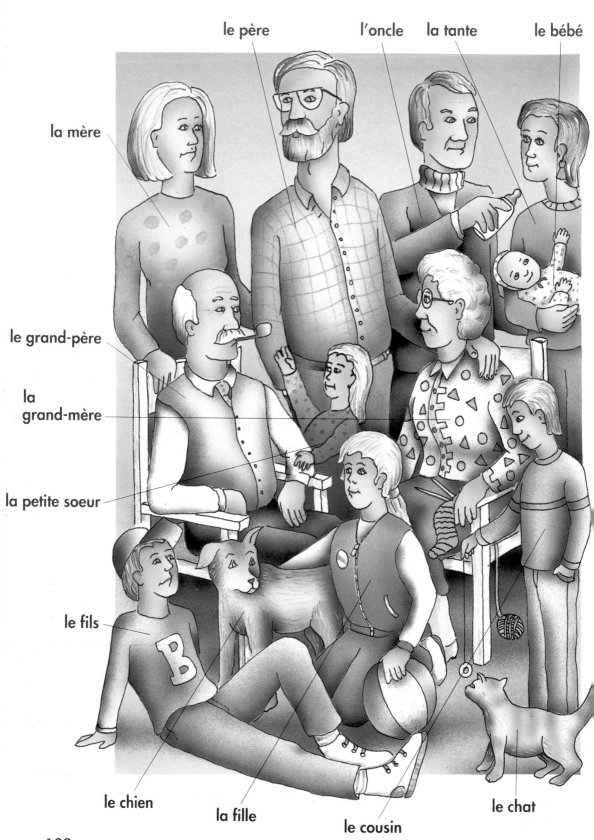

le père

l'oncle

la tante

le bébé

la mère

le grand-père

la grand-mère

la petite soeur

le fils

le chien

la fille

le cousin

le chat

122

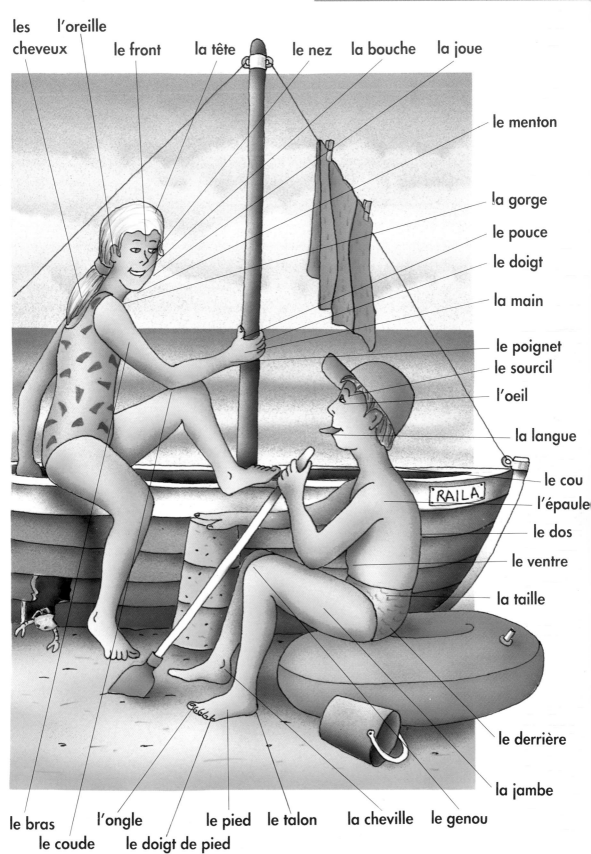

les cheveux

l'oreille

le front

la tête

le nez

la bouche

la joue

le menton

la gorge

le pouce

le doigt

la main

le poignet

le sourcil

l'oeil

la langue

le cou

l'épaule

le dos

le ventre

la taille

le derrière

la jambe

le bras

le coude

l'ongle

le doigt de pied

le pied

le talon

la cheville

le genou

RAILA

Ma chambre

l'appareil photo

le miroir

le vaisseau spatial

la photo

la lampe

le tableau

la lampe de poche

le réveil

l'ours en peluche

le bouton

le lit

l'oreiller

la chaise

le peigne

la montre

le pyjama

les billes

le tapis

le drap

la couverture

la pantoufle

la guitare   la fenêtre   la perruche   le livre

la radio

la cage

le magazine

l'aquarium

le poisson rouge

le tiroir

le kangourou

le coussin

le hamster

la bande dessinée

le dé

le jeu

le sac

la corde à sauter

le matelas

les ciseaux   le badge   le puzzle

le patin à roulettes

125

Nos vêtements

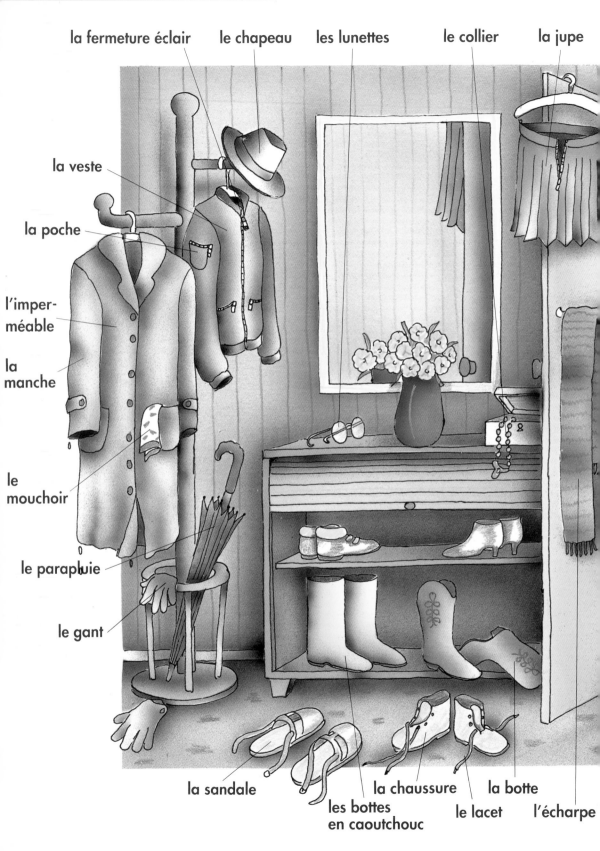

la fermeture éclair

le chapeau

les lunettes

le collier

la jupe

la veste

la poche

l'imper-
méable

la
manche

le
mouchoir

le parapluie

le gant

la sandale

les bottes
en caoutchouc

la chaussure

le lacet

la botte

l'écharpe

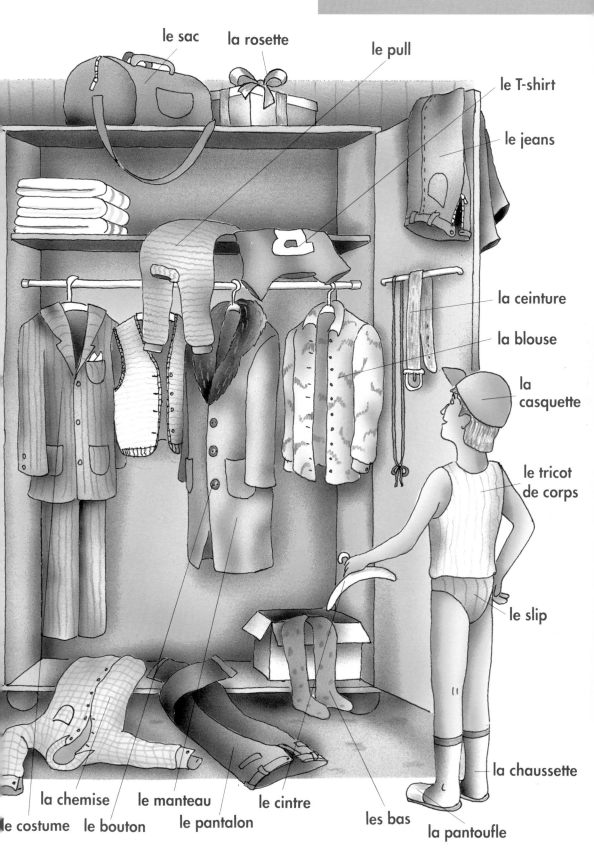

le sac

la rosette

le pull

le T-shirt

le jeans

la ceinture

la blouse

la casquette

le tricot de corps

le slip

la chaussette

la chemise

le manteau

le cintre

le costume

le bouton

le pantalon

les bas

la pantoufle

le fauteuil à bascule

la cheminée

le grenier

le balcon

le toit

la cuisine

le frigidaire

le placard

le four

l'évier

la poubelle

la salle
à manger

la table

la salle
de bain

la douche

le lavabo

la toilette

le bain

le mur

la sonnette

la cave

la machine
à laver

la marche

la porte

le téléphone

l'escalier

le plancher

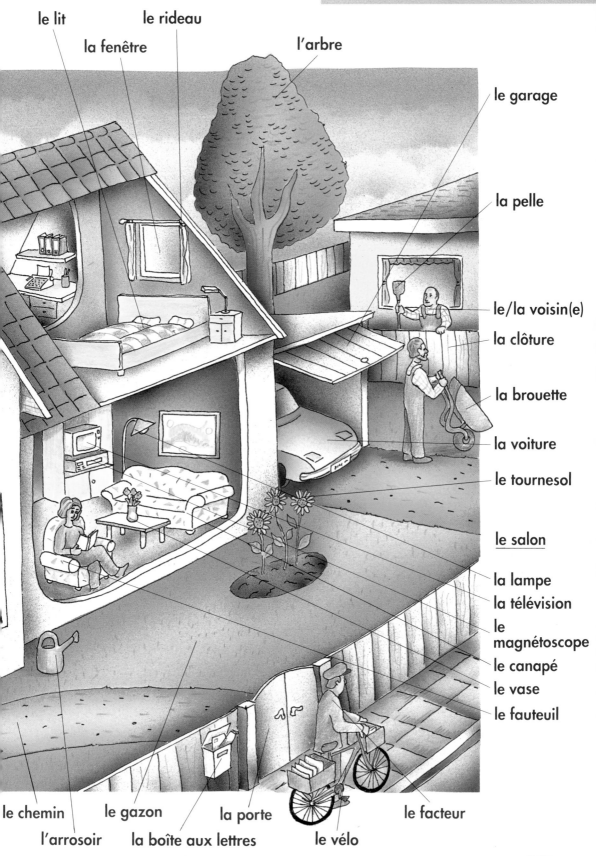

le lit

le rideau

la fenêtre

l'arbre

le garage

la pelle

le/la voisin(e)

la clôture

la brouette

la voiture

le tournesol

le salon

la lampe

la télévision

le magnétoscope

le canapé

le vase

le fauteuil

le chemin

le gazon

la porte

le facteur

l'arrosoir

la boîte aux lettres

le vélo

la plante

le professeur

l'étagère

le livre

l'ordinateur

la pyramide

la carte du monde

le pinceau

la tasse

la lettre

l'alphabet

le calendrier

la craie

la pendule

la sonnette

le tableau

la chaise

les écoliers

la feuille

le pupitre

l'encre

le cahier

le cartable

130

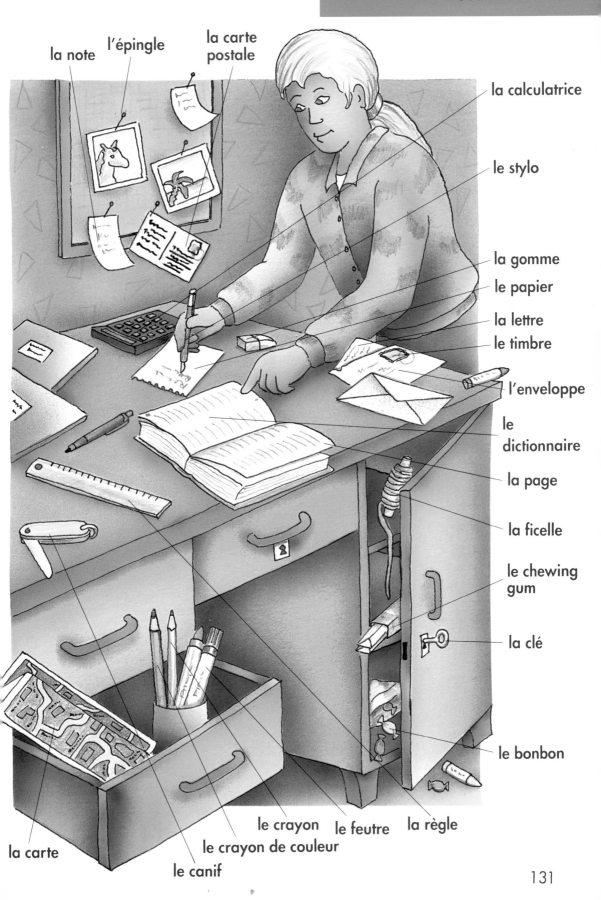

la note
l'épingle
la carte postale
la calculatrice
le stylo
la gomme
le papier
la lettre
le timbre
l'enveloppe
le dictionnaire
la page
la ficelle
le chewing gum
la clé
le bonbon
la carte
le canif
le crayon
le crayon de couleur
le feutre
la règle

Sur le terrain de sport

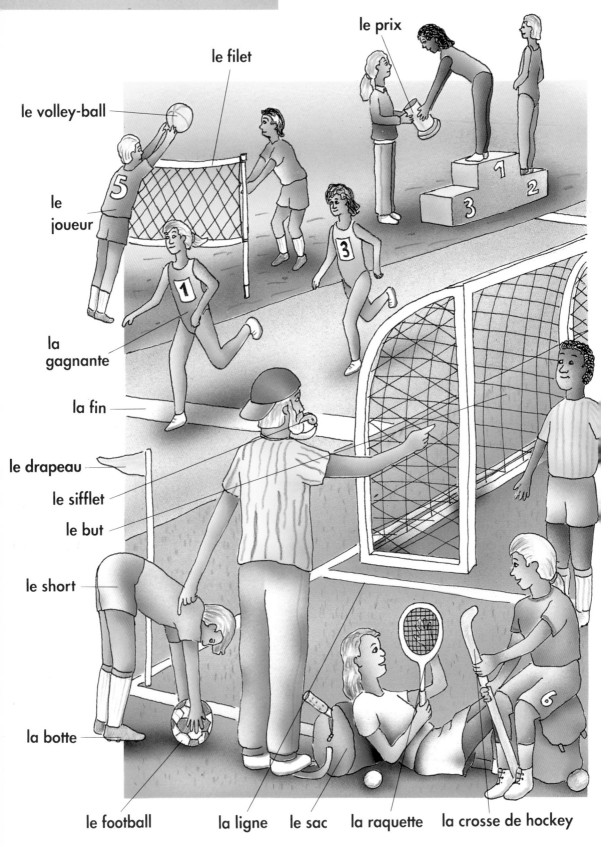

le prix

le filet

le volley-ball

le joueur

la gagnante

la fin

le drapeau

le sifflet

le but

le short

la botte

le football

la ligne

le sac

la raquette

la crosse de hockey

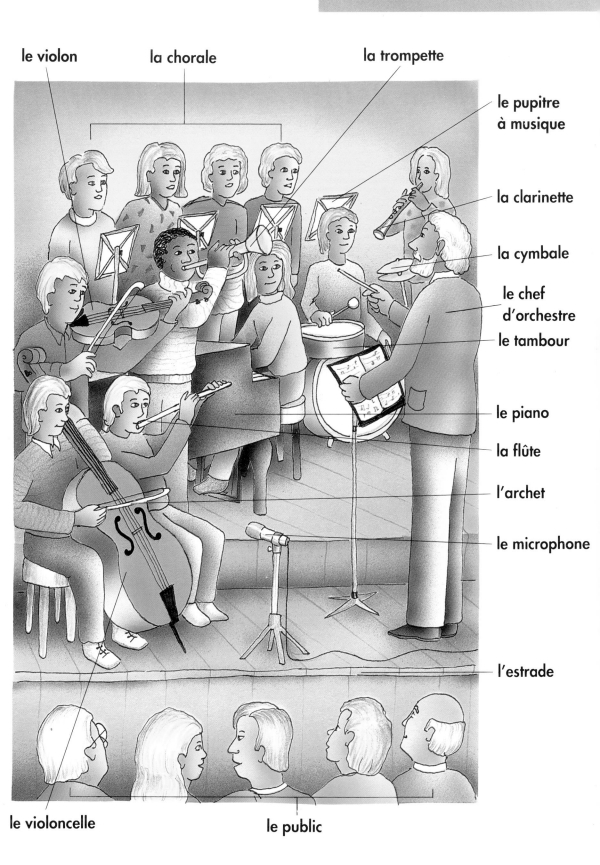

le violon

la chorale

la trompette

le pupitre à musique

la clarinette

la cymbale

le chef d'orchestre

le tambour

le piano

la flûte

l'archet

le microphone

l'estrade

le violoncelle

le public

En ville

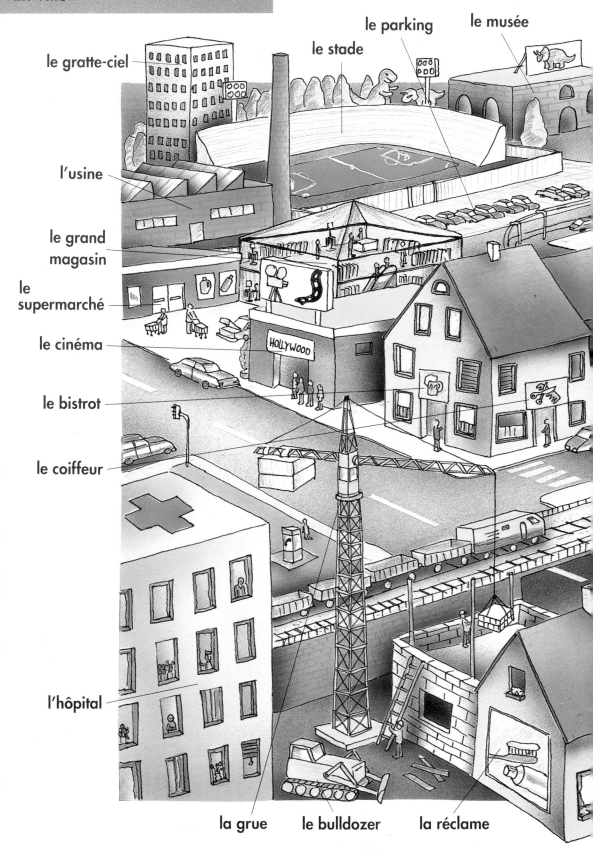

le gratte-ciel

le musée

le parking

le stade

l'usine

le grand magasin

le supermarché

le cinéma

le bistrot

le coiffeur

l'hôpital

la grue

le bulldozer

la réclame

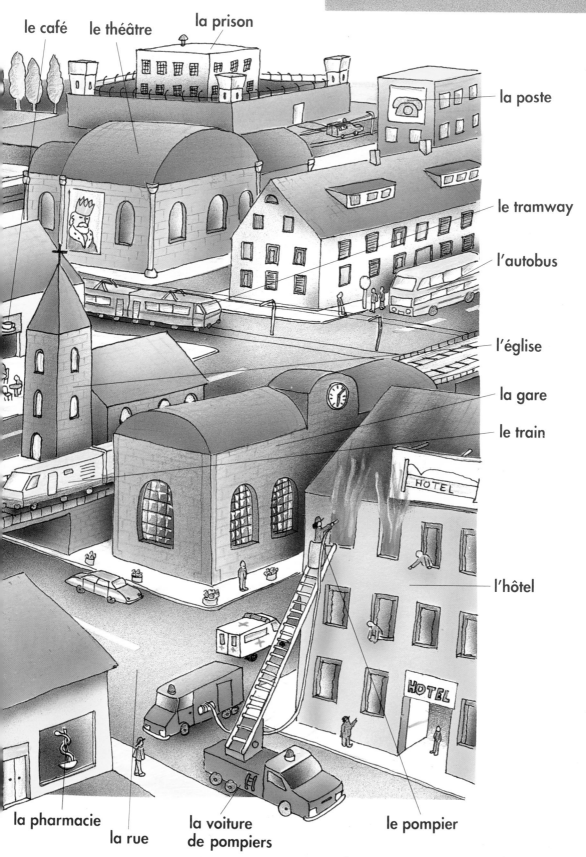

le café

le théâtre

la prison

la poste

le tramway

l'autobus

l'église

la gare

le train

l'hôtel

HOTEL

HOTEL

la pharmacie

la rue

la voiture
de pompiers

le pompier

135

Dans la rue

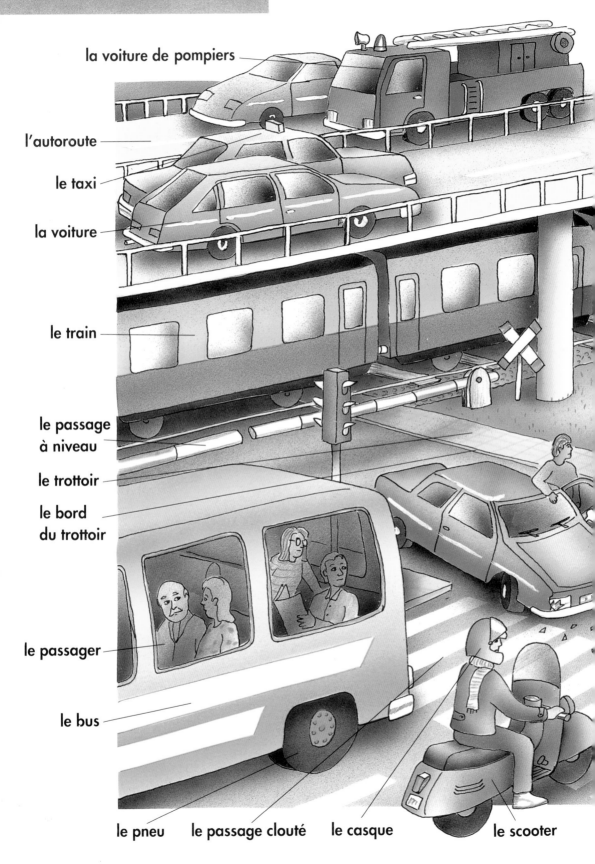

la voiture de pompiers

l'autoroute

le taxi

la voiture

le train

le passage
à niveau

le trottoir

le bord
du trottoir

le passager

le bus

le pneu   le passage clouté   le casque   le scooter

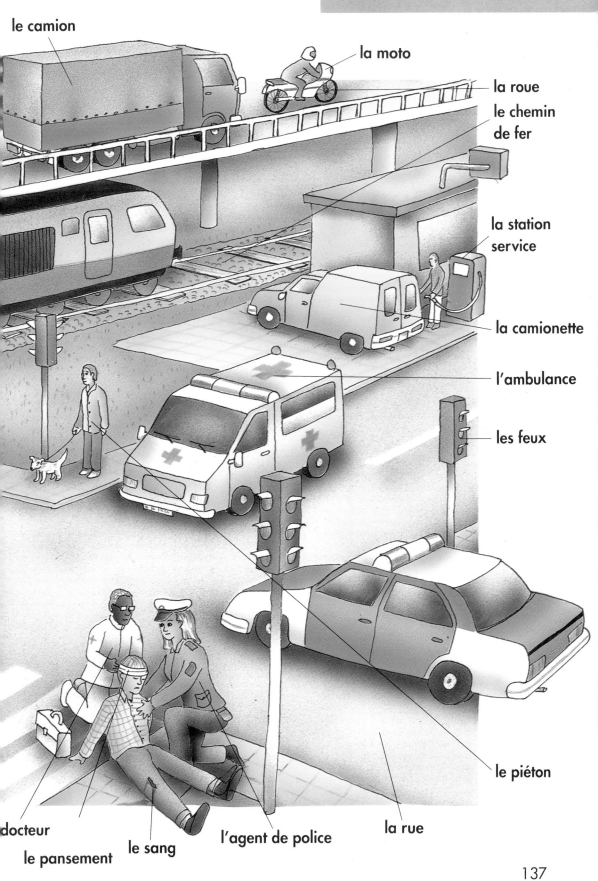

le camion

la moto

la roue

le chemin
de fer

la station
service

la camionette

l'ambulance

les feux

le piéton

le docteur

le pansement

le sang

l'agent de police

la rue

137

Au marché

le poisson

la glace

la charcuterie

l'éventaire

les raisins

le concombre

la poire

le panier

la pomme

la boîte l'orange le citron la cerise la banane
la fraise

la boulangerie

les fleurs

le fromage

la prune

le prix

la balance

la noix de coco

la laitue

le poivron

le champignon

le haricot

la citrouille

l'ananas

l'oignon

la tomate

la pomme de terre

Au restaurant libre-service

la sauce

la bouteille de bière

les frites

le steak

le sandwich

le carton de jus d'orange

le lait

le cuisinier

le chocolat

la soupe

le pot

le café

la table

le yaourt

le croissant

la pizza

la fourchette

le couteau

la bouteille de vin

la confiture

l'argent

la bourse

140

le verre
la boîte
la bouteille
la salade

le beignet

le gâteau

la baguette

l'oeuf

le jambon

le pain

le fromage

les spaghettis

la paille

la cuillère

la tasse

la soucoupe

le thé

le sucre

l'assiette
la saucisse
le ketchup
le sel
le poivre

141

Au camping

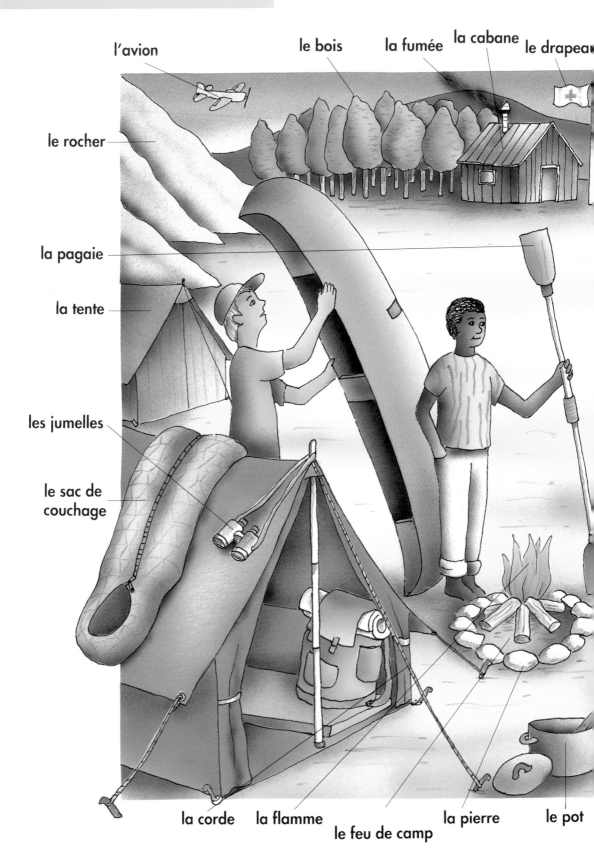

l'avion

le bois

la fumée

la cabane

le drapeau

le rocher

la pagaie

la tente

les jumelles

le sac de couchage

la corde

la flamme

le feu de camp

la pierre

le pot

la mouette

le soleil

le ciel

l'île

la voile

le bateau

le filet

le tube respiratoire

le crabe

la radio

la sucette

la glace

la coquille

le maillot de bain

la pelle

le seau

le maillot de bain

la serviette

les lunettes de soleil

le magazine

le sable

Dans le parc

le ballon à air chaud

le chemin   la colline   l'arc-en-ciel

les toilettes

le
terrain de jeu

le toboggan

la balançoire

le carrousel

la bascule

l'ordure

la poubelle

le buisson

le banc

la tulipe

le lapin   le papillon   le vélo

le pigeon

la sauterelle   la balle

le nuage

le cerf-volant

le cerf

la statue

l'arbre

l'oiseau

le nid

la feuille

la branche

le peintre

le tas de feuilles

l'écureuil

le champignon

le cygne

l'étang

la racine

le hérisson

le jardinier

la grenouille

le canard

le caneton

le sandwich

le pique-nique

145

A la ferme

l'arbre

le pont

le fermier

le champ

l'agneau

le renard

la clôture

le chien

la grange

le foin

le chat

la patte

le chiot

l'échelle

le poney

la souris

l'âne

le chaton

l'oie

la chèvre

le coq

la poule

le poussin

146

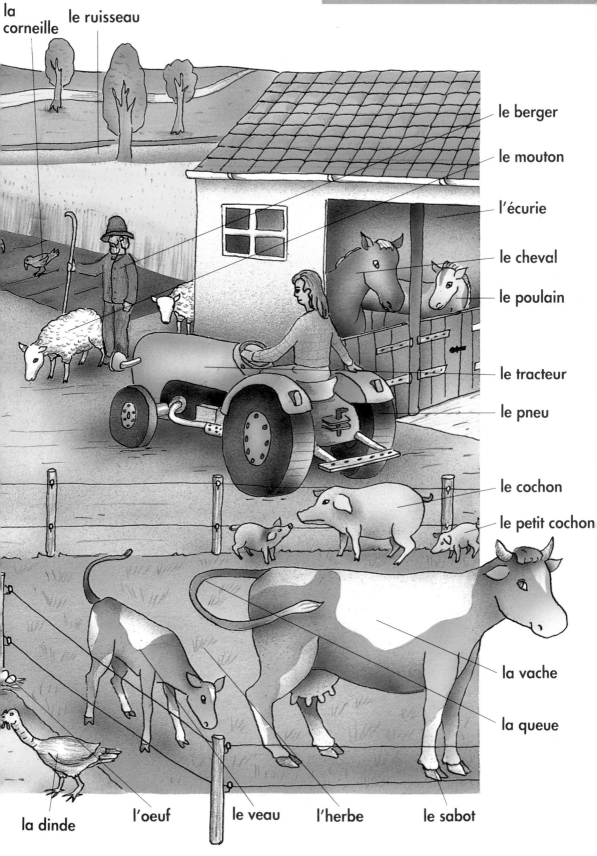

la corneille

le ruisseau

le berger

le mouton

l'écurie

le cheval

le poulain

le tracteur

le pneu

le cochon

le petit cochon

la vache

la queue

la dinde

l'oeuf

le veau

l'herbe

le sabot

Au zoo

le koala

l'entrée

la queue

le serpent

le bec

l'aile

le perroquet

l'aigle

le hibou

la cage

le guépard

le tigre

le singe

le gorille

la queue

le crocodile

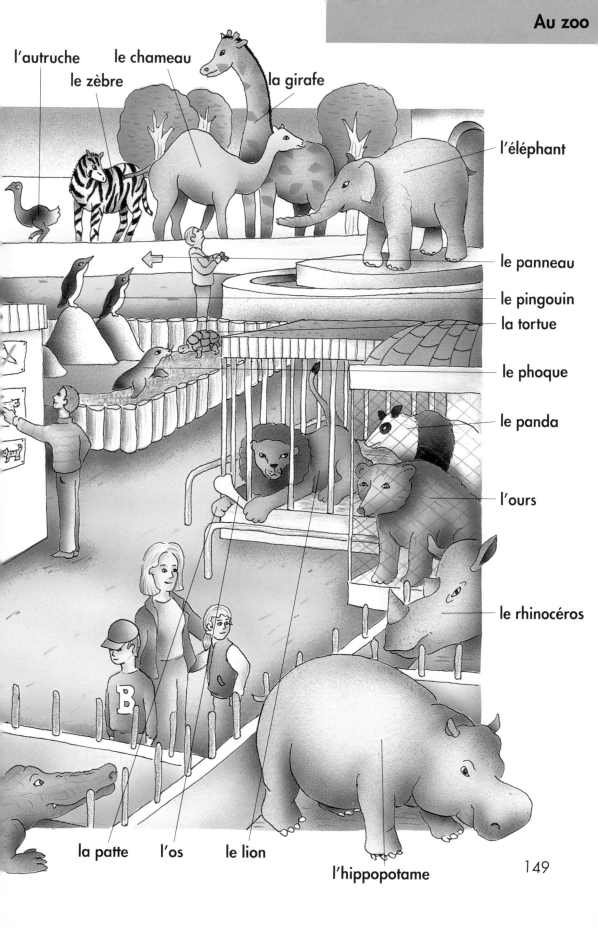

l'autruche

le chameau

le zèbre

la girafe

l'éléphant

le panneau

le pingouin

la tortue

le phoque

le panda

l'ours

le rhinocéros

la patte

l'os

le lion

l'hippopotame

149

L'heure et la date

les mois:

janvier

février

mars

avril

mai

juin

juillet

août

septembre

octobre

novembre

décembre

les saisons:

l'hiver

le printemp[s]

l'automne

l'été

cinq heures

cinq heures et quart

cinq heures
et demie

six heures moins
le quart

les jours de la semaine:

lundi	3
mardi	4
mercredi	5
jeudi	6
vendredi	7
samedi	8
dimanche	9

l'heure qu'il fait:

le matin

le midi

l'après-midi

le soir

la nuit

150

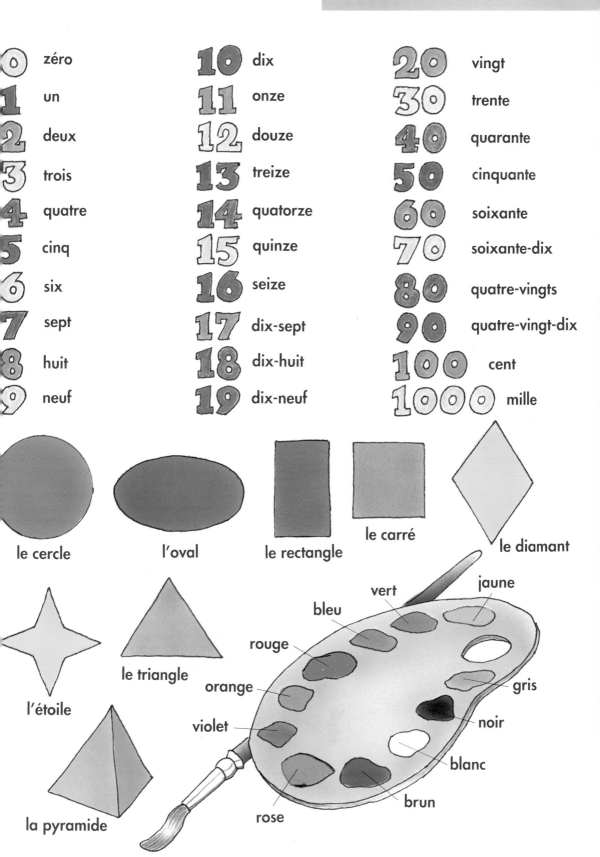

0 zéro	10 dix	20 vingt
1 un	11 onze	30 trente
2 deux	12 douze	40 quarante
3 trois	13 treize	50 cinquante
4 quatre	14 quatorze	60 soixante
5 cinq	15 quinze	70 soixante-dix
6 six	16 seize	80 quatre-vingts
7 sept	17 dix-sept	90 quatre-vingt-dix
8 huit	18 dix-huit	100 cent
9 neuf	19 dix-neuf	1000 mille

le cercle

l'oval

le rectangle

le carré

le diamant

l'étoile

le triangle

la pyramide

vert

jaune

bleu

rouge

orange

violet

gris

noir

blanc

brun

rose

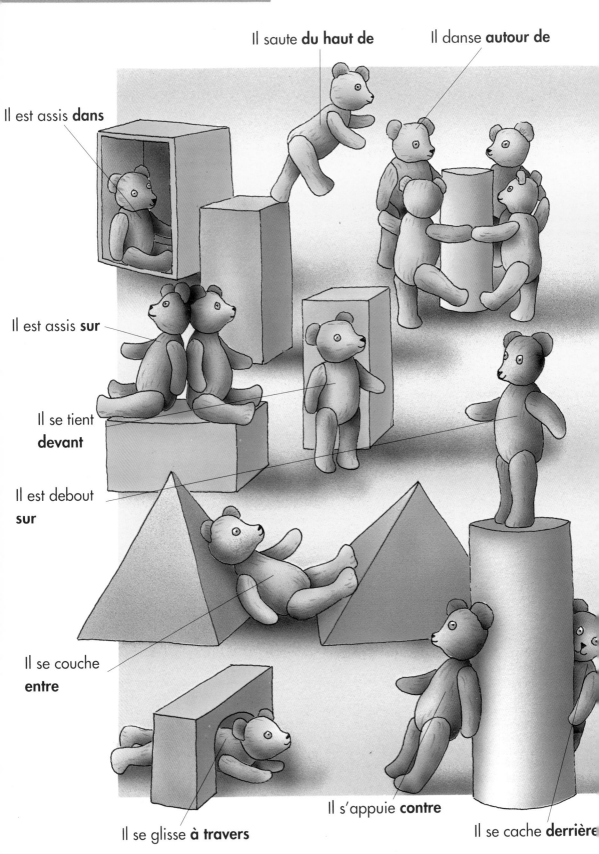

Il saute **du haut de**

Il danse **autour de**

Il est assis **dans**

Il est assis **sur**

Il se tient **devant**

Il est debout **sur**

Il se couche **entre**

Il se glisse **à travers**

Il s'appuie **contre**

Il se cache **derrière**

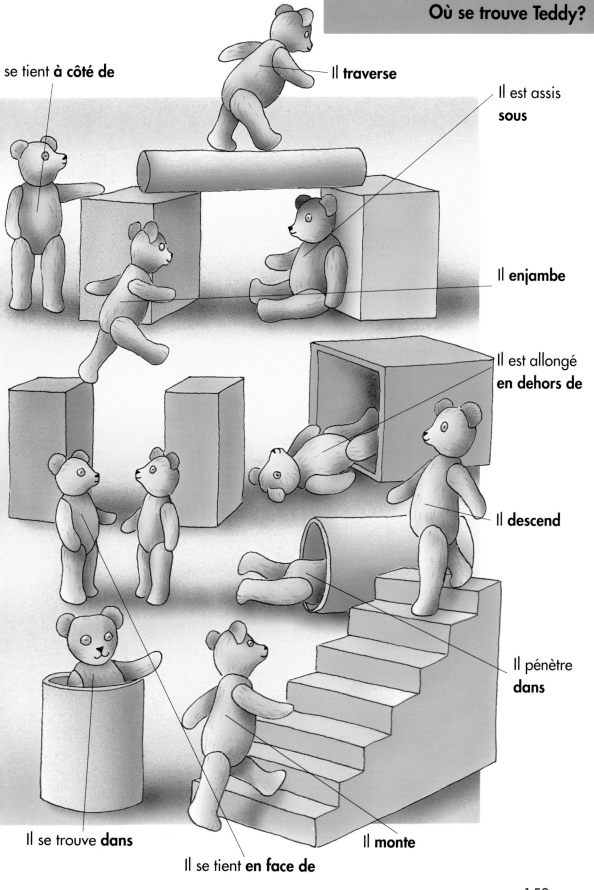

se tient **à côté de**

Il **traverse**

Il est assis **sous**

Il **enjambe**

Il est allongé **en dehors de**

Il **descend**

Il **pénètre dans**

Il se trouve **dans**

Il **monte**

Il se tient **en face de**

153

Glossary

A

a — un, une [UH, ewn]
above — dessus, au-dessus [de-soo, od-soo]
abroad — à l'étranger [a lay-trAH-zh-ay]
absent — absent, absente [aps-AH, -AHt]
abundant — abondant, abondante [abOH-dAH, -dAHt]
accept — accepter [ak-sehp-tay]
accident — accident [ak-see-dAH]
ache — mal [mal]
actor — acteur [ak-tur]
actress — actrice [ak-treess]
add — ajouter [a-zh-oo-tay]
addition — addition [a-dees-yOH]
address — adresse; adresser [ad-rehs; -rehsay]
admit — admettre [ad-mehtr]
adult — adulte [a-dewlt]
adventure — aventure [a-vAH-tewr]
advise — conseiller [kOH-say-yay]
Africa — Afrique [a-freek]
African — africain, africaine [afreek-EH, -ehn]
after — après [ap-reh]
afternoon — après-midi [ap-reh-mee-dee]
again — encore [AH-kor]
against — contre [kOH-tr]
age — âge [ah-zh]
ago — il y a [eel-ya]
agreement — accord [a-kor]
aid — aide [ehd]

air — air [ehr]
airplane — avion [av-yOH]
airport — aéroport [a-ay-ro-por]
album — album [al-bum]
allow — admettre [ad-meh-tr]
almost — presque [prehs-ke]
along — le long de [le lOH de]
alphabet — alphabet [al-fa-beh]
already — déjà [day-zh-a]
also — aussi [oh-see]
ambulance — ambulance [AH-bew-lAHs]
America — Amérique [a-may-reek]
American — américain, américaine [a-may-ree-kEH, -kehn]
among — parmi [par-mee]
amuse — amuser [a-mew-zay]
amusing — amusant, amusante; drôle [a-mew-zAH(t); drohl]
an — un, une [UH, ewn]
anchor — ancre [AH-kr]
ancient — ancien, ancienne [AH-syEH, -syehn]
and — et [ay]
angel — ange [AH-zh]
anger — colère [kul-ehr]
angry — fâché, fâchée [fah-shay]
animal — animal [a-nee-mal]
animal fur — pelage [pe-lazh]
animated — animé, animée [a-nee-may]
animated cartoon — dessin animé [day-sEH a-nee-may]
ankle — cheville [shvee-y]
anniversary — anniversaire [anee-vehr-sehr]
anorak — anorak [a-no-rak]

154

another	un autre, une autre [otre]	at least	au moins [oh mwEH]
ant	fourmi [foor-mee]	at present	actuellement
anyone	n'importe qui		[ak-tew-ehl-mAH]
	[nEH-port-kee]	at that time	alors [a-lor]
anywhere	n'importe où [nEH-port-oo]	at the	au début [oh day-bew]
apartment	appartement	beginning	
	[a-par-te-mAH]	at the	chez [shay]
appear	apparaître [apar-eh-tr]	home of	
applaud	applaudir [ap-lo-deer]	at this	en ce moment
apple	pomme [pum]	moment	[AHs-mum-AH]
approach	approcher [ap-rush-ay]	at times	parfois [par-fwa]
approximately	environ [AH-veer-OH]	athletic shoe	chaussure de sport
April	avril [av-reel]		[shoh-sewr-de-spor]
argue	disputer [dee-spew-tay]	attach	fixer [feek-say]
arm	bras [bra]	attack	attaque; attaquer
army	armée [ar-may]		[a-tak; a-ta-kay]
around	autour [oh-toor]	attention	attention [a-tAHs-yOH]
arrest	arrêter [a-ray-tay]	attic	grenier [gren-yay]
arrive	arriver [a-ree-vay]	August	août [oo or oot]
arrow	flèche [fleh-sh]	Australia	Australie [ustral-ee]
art	art [ar]	Australian	australien, australienne
article	article [ar-teekl]		[us-tral-yEH, -yehn]
article of	habit [a-bee]	Austria	Autriche [oh-treesh]
clothing		Austrian	autrichien, autrichienne
artist	artiste [ar-teest]		[oh-treesh-yEH, -yehn]
artist's	pinceau [pEH-soh]	authorize	autoriser [ut-or-ee-zay]
paintbrush		auto shop	garage [ga-ra-zh]
as	lorsque [lor-ske]	autumn	automne [u-tun]
as, like	comme [kum]	avoid	éviter [ay-vee-tay]
as many	autant [oh-tAH]		
as much	autant [oh-tAH]	**B**	
Asia	Asie [a-zee]		
aside	à part [a-par]	baby	bébé [bay-bay]
ask	demander [de-mAH-day]	back	dos [doh]
ask for	demander quelque chose	bad	mauvais, mauvaise
something	[de-mAH-day kehl-ke sh-ohz]		[mu-veh, mu-vehz]
astonish	étonner [ay-tun-ay]	badge	badge [bad-zh]
astronaut	astronaute [astru-nut]	badly	mal [mal]
at	à [a]	baggage	bagages [ba-ga-zh]
at first	d'abord [da-bor]	bake	cuire au four
at home	à la maison [a la meh-zOH]		[kew-eer oh foor]

baker	boulanger, boulangère [boo-lAH-zh-ay, -ehr]	beautiful	beau, bel, belle [boh, behl, behl]
bakery shop	boulangerie [boo-lAH-zh-ree]	beauty	beauté [boh-tay]
		because	parce que [par-se-ke]
balcony	balcon [bal-kOH]	become	devenir [dev-neer]
ball	balle [bal]	bed	lit [lee]
ballet	ballet [bal-eh]	bed sheet	drap [dra]
balloon	ballon [bal-OH]	bedroom	chambre à coucher
banana	banane [ba-nan]		[shAH-br a koo-shay]
bandage	pansement [pAHs-mAH]	bee	abeille [a-beh-y]
bang	éclater [ay-kla-tay]	beef	boeuf [buf]
bank	banque [bAHk]	beer	bière [by-ehr]
bar	bar [bar]	before	avant [a-vAH]
bargain	bon marché [bOH marsh-ay]	begin	commencer [kum-AH-say]
		begin to do	se mettre à faire [se meh-tr a fehr]
bark	aboyer [abwa-yay]		
barn	grange [grAH-zh]	beginning	début [day-bew]
basket	panier [pan-yay]	behave	conduire [kOH-dew-eer]
bat (animal)	chauve-souris [sh-ohv-soo-ree]	behind	derrière [dehr-yehr]
		Belgian	belge [behl-zh]
bath	bain [bEH]	Belgium	Belgique [behl-zh-eek]
bathe	baigner [behn-yay]	believe	croire [krwar]
bathing suit	maillot de bain [ma-yohd-bEH]	believe in something	croire à quelque chose [krwar a kehl-ke sh-ohz]
battery	batterie; pile [bat-ree; peel]	bell	cloche [klush]
		belong to	appartenir à [a-par-te-neer a]
be	être [ehtr]		
be able	pouvoir [poo-vwar]	below	bas [bah]
be afraid	avoir peur [av-war pur]	belt	ceinture [sEH-tewr]
be hungry	avoir faim [av-war fEH]	bench	banc [bAH]
be lucky	avoir de la chance [av-war de la shAHs]	bend	pencher; plier [pAH-shay; plee-yay]
be lying down	être couché [ehtr koo-shay]	beneath	dessous [de-soo]
		berry	baie [beh]
be missing	manquer [mAH-kay]	besides	de plus [de plewss]
beach	plage [plazh]	best	le meilleur, la meilleure [le (la) meh-yuhr]
beak	bec [behk]		
bean	haricot [ar-ee-koh]	bet	parier [paree-yay]
bear	ours [oorss]	better	meilleur, meilleure; mieux [meh-yuhr; myuh]
beard	barbe [barb]		
beast	bête [beht]	between	entre [AHtr]

156

bicycle	bicyclette [bee-see-kleht]	box carton	boîte [bwat]
big	grand, grande; gros, grosse [grAH, grAHd; gro, gross]	boxer	boxeur [buks-ur]
		boy	garçon [gar-sOH]
		brake	frein [frEH]
big ball	ballon [ba-lOH]	branch	branche [brAHsh]
bill (to pay)	facture [fak-tewr]	bread	pain [pEH]
binoculars	jumelles [zh-ew-mehl]	break	briser, casser [bree-zay, ka-say]
bird, birds	oiseau, oiseaux [wa-zoh, wa-zoh]		
		breakfast	petit déjeuner [ptee day-zh-un-ay]
bite	mordre [mor-dr]		
black	noir, noire [nwar]	brick	brique [breek]
blackberry	mûre sauvage [mewr sova-zh]	bride	mariée [mar-yay]
		bridegroom	marié [mar-yay]
blanket	couverture [koo-vehr-tewr]	bridge	pont [pOH]
		bring	apporter [a-por-tay]
blind	aveugle [a-vuh-gl]	bring along	emporter [AH-por-tay]
blond	blond, blonde [blOH, blOHd]	bring nearer	approcher [a-prush-ay]
		broom	balai [bal-ay]
blouse	blouse; chemisier [blooz; sh-meez-yay]	brother	frère [frehr]
		brown	brun, brune [brUH, brewn]
blow, hit	coup [koo]		
blue	bleu [bluh]	brush	brosse; brosser [bruss; -ay]
boat	barque; bateau [bark; ba-toh]		
		bubble	bulle [bewl]
body	corps [kor]	build	construire [kOH-strew-eer]
body hair	poil [pwal]	bulky	gros, grosse [gro, gross]
boil	bouillir [boo-yeer]	bulldozer	bulldozer [bewl-doh-zehr]
bone	os [us]	bulletin	bulletin [bewl-tEH]
book	livre [leevr]	bump	cogner [kun-yay]
boot	botte [but]	burglar	cambrioleur [kAH-bree-yul-ur]
boredom	ennui [AH-new-ee]		
born	né, née [nay]	burn	brûler [brew-lay]
borrow	emprunter [AH-prUH-tay]	burst	éclater [ay-klat-ay]
both	tous deux [too duh]	bury	enterrer [AH-tehr-ay]
both...and	et...et [ay...ay]	bus	autobus [ut-oh-bewss]
bottle	bouteille [boot-eh-y]	bush	buisson [bew-ee-sOH]
bottle cork	bouchon [boo-shOH]	busy	occupé, occupée [uk-ew-pay]
bottom	fond [fOH]		
bow	arc; archet [ark; ar-shay]	but	mais [meh]
bowl	bol [bul]	butcher	boucher, bouchère [boosh-ay, -ehr]
box	carton [kar-tOH]		

butcher shop	boucherie [boosh-ree]	cardigan	gilet [zh-eel-eh]
butter	beurre [bur]	carrot	carotte [kar-ut]
butterfly	papillon [pap-ee-yOH]	carry	porter [por-tay]
button	bouton [boot-OH]	carton	carton [kar-tOH]
buy	acheter [ash-tay]	casserole	casserole [kas-rul]
by	par [par]	castle	château [sha-toh]
by chance	par hasard [par a-zar]	cat	chat [sha]
by heart	par coeur [par kur]	catch	attraper [a-tra-pay]
		catch cold	attraper un rhume [a-tra-pay UH rewm]

C

		caterpillar	chenille [shnee-y]
cabbage, cabbages	chou, choux [shoo, shoo]	cauliflower	chou-fleur [shoo-flur]
		cave	caverne [ka-vehrn]
cabinet	placard [pla-kar]	cavern	caverne [ka-vehrn]
cage	cage [ka-zh]	ceiling	plafond [pla-fOH]
cake	gâteau [ga-toh]	cellar	cave [kav]
calculator	calculatrice [kal-kew-la-treess]	center	centre [sAH-tr]
		certain	certain, certaine [sehr-tEH, -tehn]
calendar	calendrier [ka-lAH-dree-yay]		
		certainly	certainement [sehr-tehn-mAH]
call	appeler [ap-lay]		
camel	chameau [sham-oh]	chain	chaîne [sh-ehn]
camera	appareil photo; caméra [apa-reh-y futo; ka-may-rah]	chair	chaise [sh-ehz]
		chalk	craie [kreh]
camp	camper [kAH-pay]	chance	chance; hasard [sh-AHs; a-zar]
camping area	camping [kAH-peen]		
		change	changer [sh-AH-zh-ay]
can (be able)	pouvoir [poov-war]	charming	charmant, charmante [shar-mAH, -mAHt]
Canada	Canada [ka-na-da]		
Canadian	canadien, canadienne [ka-nad-yEH, -yehn]	chase	chasser [sha-say]
		chat	bavarder [ba-var-day]
canary	perruche [pehr-ew-sh]	check	addition; chèque [adee-syOH; sh-ehk]
candle	bougie [boo-zh-ee]		
candy	bonbon [bOH-bOH]	cheek	joue [zh-oo]
cane	canne [kan]	cheese	fromage [frum-azh]
cap	bonnet; casquette [bun-eh; kas-keht]	cheetah	guépard [gay-par]
		cherry	cerise [sreez]
captain	capitaine [ka-pee-tehn]	chest	coffre [kufr]
car	auto [ut-oh]	chest of drawers	commode [kum-ud]
car trunk	coffre [kufr]		
card	carte [kart]	chestnut	marron [mar-OH]

chew	mâcher [mah-shay]	cloud	nuage [new-azh]
chewing gum	chewing-gum [shween-gum]	cloudy	nuageux, nuageuse [new-azh-uh, -uhz]
chick	poussin [poo-sEH]	clown	clown [kloon]
chicken	poulet [poo-leh]	club	club [klub]
chief	chef [sh-ehf]	coast	côte [koht]
child	enfant [AH-fAH]	coconut	noix de coco
chimney	cheminée [shmee-nay]		[nwa de ko-ko]
chimpanzee	chimpanzé [shEH-pAH-zay]	coffee	café [ka-fay]
chin	menton [mAH-tOH]	coffee shop	café [ka-fay]
China	Chine [sheen]	coin	pièce de monnaie
Chinese	chinois, chinoise		[pee-yehs de mun-eh]
	[sheen-wa, -waz]	cola	coca [ko-ka]
chocolate	chocolat [shu-ku-la]	cold	froid, froide
chocolate flavored roll	petit pain au chocolat [ptee pEH oh shu-ku-la]	collect	[frwa, frwad] collectionner
choir	chorale [ku-ral]		[kul-ehk-sy-un-ay]
choose	choisir [shwa-zeer]	collection	collection [kul-ehk-sy-OH]
chop	côtelette [koht-leht]	color	couleur [koo-lur]
Christmas	Noël [nu-ehl]	colored pencil	crayon de couleur [kreh-yOH de koo-lur]
church	église [ay-gleez]	colt	poulain [poo-lEH]
cicada	cigale [see-gal]	comb	peigne [peh-ny]
cinema	cinéma [see-nay-ma]	comb one's hair	se peigner [se peh-ny-ay]
circle	cercle [sehr-kl]		
circus	cirque [seerk]	come	venir [vneer]
clarinet	clarinette [kla-ree-neht]	come in	entrer [AH-tray]
class	classe [klas]	comfortable	confortable [kOH-for-tabl]
clean	nettoyer [neh-twa-yay]	comic strip	bande dessinée
clear	clair, claire [klehr]		[bAHd day-see-nay]
clear away	débarrasser [day-ba-ra-say]	command	commander [kum-AH-day]
climb	grimper [grEH-pay]	compare	comparer [kOH-pa-ray]
clock	horloge; pendule [or-lu-zh; pAH-dewl]	competition	compétition [kOH-pay-tees-yOH]
close	fermer [fehr-may]	computer	ordinateur [or-dee-na-tur]
close friend	copain, copine [ku-pEH, -peen]	concert	concert [kOH-sehr]
		conductor	contrôleur [kOH-tro-lur]
closet	armoire [arm-war]	confidence	confiance [kOH-fy-AHs]
clothes closet	garde-robe [gard-rub]	congratulate	féliciter [fay-lee-see-tay]
clothes pin	pince à linge [pEHs-a-lEH-zh]	contain	contenir [kOH-te-neer]

content	content, contente [kOH-tAH, -tAHt]	crown	couronne [koo-run]
		cruel	cruel, cruelle [krew-ehl]
contest	concours [kOH-koor]	crush	écraser [ay-kra-zay]
continue	continuer [kOH-tee-new-ay]	cry	pleurer [plur-ay]
		cucumber	concombre [kOH-kOH-br]
convenient	commode [kum-ud]		
cook	faire la cuisine [fehr la kew-ee-zeen]	cultivate	cultiver [kewl-tee-vay]
		curb	bord du trottoir [bor dew trut-war]
cookie	biscuit, gâteau sec [bees-kew-ee, gatoh sehk]		
		curious	curieux, curieuse [kewr-yuh, -yuhz]
cooking pot	marmite [mar-meet]		
cool	frais, fraîche [freh, freh-sh]	curly	bouclé [boo-klay]
copy	copie; copier [kup-ee; -yay]	currency	billet [bee-yeh]
		current, stream	courant [koor-AH]
corner	coin [kwEH]		
correct	correct, correcte; corriger [kor-ehkt; kor-ee-zh-ay]	cushion	coussin [koo-sEH]
		cut	couper [koo-pay]
cost	coûter [koo-tay]	cutlet	côtelette [koht-leht]
costume	costume [kus-stewm]		
count	compter [kOH-tay]		

D

country	pays [pay-ee]	dad	papa [pa-pa]
countryside	campagne [kAH-pa-ny]	daffodil	jonquille [zhOH-kee-y]
course of study	cours [koor]	damage	abîmer; dommage [abee-may; dum-azh]
		dance	danse; danser [dAHs; dAH-say]
cousin	cousin, cousine [koo-zEH, -zeen]	dancer	danseur, danseuse [dAH-sur, -suhz]
cover	couvercle; couvrir [koo-vehr-kl; koo-vreer]	Dane	danois, danoise [dan-wa, -waz]
cowboy	cow-boy [ko-bu-y]	danger	danger [dAH-zh-ay]
cowshed	étable [ay-tabl]	dangerous	dangereux, dangereuse [dAH-zh-ruh, -ruhz]
crab	crabe [krab]		
cradle	berceau [behr-so]	Danish	danois, danoise [dan-wa, -waz]
crane	grue [grew]		
crazy	fou, fol, folle [foo, ful, ful]	Danish (language)	danois [dan-wa]
cream	crème [krehm]		
crocodile	crocodile [kru-ku-deel]		
croissant	croissant [krwa-sAH]	dare	oser [o-zay]
cross	croiser; croix [krwa-zay; krwa]	dark (color)	foncé, foncée [fOH-say]
crow	corbeau [kor-boh]	darling	chéri, chérie [shay-ree]
crowd	foule [fool]		

date	date [dat]	direction	direction [dee-rehks-yOH]
daughter	fille [fee-y]	director	directeur, directrice
day	jour [zh-oor]		[dee-rehk-tur, -treess]
dead	mort, morte [mor, mort]	disappointed	déçu, déçue [day-sew]
dear	cher, chère [sh-ehr]	discover	découvrir [day-koo-vreer]
December	décembre [day-sAH-br]	dish	plat [pla]
decide	décider [day-see-day]	disk	disque [deesk]
decorate	décorer [day-kor-ay]	disorder	désordre [day-zor-dr]
defeat	battre; défaite	distance	distance [dee-stAHs]
	[batr; day-feht]	disturb	déranger
defend	défendre [day-fAH-dr]		[day-rAH-zh-ay]
delicate, fine	fin, fine [fEH, feen]	ditch	fossé [fus-say]
delicatessen	charcuterie	divide	diviser [dee-vee-zay]
	[shar-kew-tree]	do	faire [fehr]
delicious	délicieux [day-lees-yuh]	doctor	docteur [duk-tur]
delivery van	camionnette	dog	chien [sh-yEH]
	[kam-yun-eht]	doghouse	niche [neesh]
		doll	poupée [poo-pay]
Denmark	Danemark [dan-mark]	dollhouse	maison de poupée
dentist	dentiste [dAH-teest]		[meh-zOH de poo-pay]
depart	partir [par-teer]		
department	grand magasin	donkey	âne [ahn]
store	[grAH ma-ga-zEH]	donut	beignet [beh-ny-eh]
desire	désirer; envie	door	porte [port]
	[day-zee-ray; AH-vee]	double	double [doo-bl]
desk	bureau [bew-roh]	doubt	douter [doo-tay]
dessert	dessert [day-sehr]	dove	colombe [kul-OHb]
detest	détester [day-tehs-tay]	down	bas [bah]
develop	développer [day-vlup-ay]	draw	dessiner [day-see-nay]
devil	diable [dya-bl]	drawing	dessin [day-sEH]
diamond	diamant [dya-mAH]	dress	habiller; robe
dice	dé [day]		[abee-yay; rub]
dictionary	dictionnaire	dress oneself	s'habiller [sa-bee-yay]
	[deek-syun-ehr]	drink	boire [bwar]
die	mourir [moo-reer]	driver	conducteur, conductrice
difference	différence [dee-fay-rAHs]		[kOH-dewk-tur, -treess]
different	différent, différente	drop	goutte; laisser tomber
	[dee-fayrAH, dee-fayrAHt]		[goot; lay-say tOH-bay]
difficult	difficile [dee-fee-seel]	drums	batterie [ba-tree]
dig	creuser [kruh-zay]	duck	canard [ka-nar]
dinner	dîner [dee-nay]	duckling	caneton [kan-tOH]
dinosaur	dinosaure [dee-nu-zor]	dumb	bête [beht]

duplicate	copier [kup-yay]	enemy	ennemi [ehn-mee]
during	pendant [pAH-dAH]	England	Angleterre [AH-gle-tehr]
dust	poussière [poos-yehr]	English	anglais, anglaise
Dutch	néerlandais, néerlandaise		[AH-gleh, -glehz]
	[nay-ehr-lAH-deh, -dehz]	English	anglais [AH-gleh]
duty	devoir [dev-war]	(language)	

E

		enough	assez [a-say]
each	chaque [shak]	enter	entrer [AH-tray]
each one	chacun, chacune	entire	entier, entière
	[shak-UH, -ewn]		[AHt-yay, -yehr]
each time	chaque fois [shak fwa]	entrance	entrée [AH-tray]
eagle	aigle [eh-gl]	envelope	enveloppe [AH-vlup]
ear	oreille [or-ay]	equal	égal, égale, égaux
early	de bonne heure		[ay-gal, -gal, -go]
	[de bun ur]	erase	effacer [ay-fa-say]
earn	gagner [gan-yay]	escalator	escalier roulant
earring	boucle d'oreille		[ehs-kal-yay roo-lAH]
	[bookl dor-ay]	escape	s'échapper [say-shap-ay]
east	est [ehst]	Europe	Europe [ur-up]
Easter	Pâques [pahk]	European	européen, européenne
easy	facile [fa-seel]		[ur-up-ay-EH, -ehn]
easy chair	fauteuil [foh-tu-y]	even	même; pair, paire
eat	manger [mAH-zh-ay]		[mehm; pehr, pehr]
edge	bord [bor]	every day	tous les jours
egg, eggs	oeuf, oeufs [uf, uh]		[too lay zh-oor]
eight	huit [yew-eet]	everywhere	partout [par-too]
eighteen	dix-huit [deez-yew-eet]	exactly	exactement
either...or	ou...ou [oo...oo]		[ehg-zak-te-mAH]
elbow	coude [kood]	examination	examen [ehg-za-mEH]
electrician	électricien	example	exemple [ehg-zAH-pl]
	[ay-lehk-tree-syEH]	excellent	excellent, excellente
electricity	électricité		[ehks-ayl-AH, -AHt]
	[ay-lehk-tree-see-tay]	except	à part [a-par]
elephant	éléphant [ay-lay-fAH]	exchange	changer [shAH-zh-ay]
elevator	ascenseur [a-sAH-sur]	excuse	excuse [ehks-kewz]
eleven	onze [OHz]	excuse me	excusez-moi
emperor	empereur [AH-prur]		[ehks-kew-zay-mwa]
employer	patron [pa-trOH]	excuse	s'excuser [sehks-kew-zay]
end	bout; fin [boo; fEH]	oneself	
		exercise	exercice [ehg-zehr-seess]
		exist	exister [ehg-zee-stay]

expensive	cher, chère [sh-ehr, -ehr]	feel sick	avoir mal [av-war mal]
explain	expliquer [ehks-plee-kay]	felt-tip highlighter	feutre [fuh-tr]
extinguish	éteindre [ay-tEH-dr]	felt-tip pencil	crayon-feutre
extinguished	éteint, éteinte [ay-tEH, -tEHt]		[kreh-yOH fuh-tr]
eye, eyes	oeil, yeux [u-y, yuh]	fence	clôture; grillage
eyeglasses	lunettes [lew-neht]		[kloh-tewr; gree-ya-zh]
eyelash	cil [seel]	ferry boat	ferry [feh-ree]

F

		fever	fièvre [fy-ehvr]
		field	champ [shAH]
		fifty	cinquante [sEH-kAHt]
face	face; figure [fas; fee-gewr]	fight	se battre [se batr]
faint	perdre connaissance	figure	figure [fee-gewr]
	[pehr-dre kun-eh-sAHs]	filly	pouliche [poo-leesh]
fairy	fée [fay]	film	film [feelm]
fairy tale	conte de fées	finally	enfin [AH-fEH]
	[kOHt de fay]	fine, delicate	fin, fine [fEH, feen]
falcon	faucon [foh-kOH]	finger	doigt [dwa]
fall	chute; tomber	fingernail	ongle [OH-gl]
	[sh-ewt; tOH-bay]	finish	finir [fee-neer]
fall asleep	s'endormir	fire	feu; incendie
	[sAH-dor-meer]		[fuh; EH-sAH-dee]
false	faux, fausse [foh, fohss]	fireman	pompier [pOHp-yay]
family	famille [fa-mee]	fireplace	cheminée [shmee-nay]
family name	nom de famille	fireworks	feux d'artifice
	[nOHd fa-mee]		[fuh dar-tee-feess]
famous	célèbre [say-leh-br]	first	premier [prem-yay]
far	loin [lwEH]	fish	pêcher; poisson
farm	ferme [fehrm]		[peh-shay; pwa-sOH]
farmer	fermier [fehrm-yay]	fisherman	pêcheur [peh-shur]
fashion	mode [mud]	five	cinq [sEHk]
faster	plus vite [plew veet]	flag	drapeau [dra-poh]
father	père [pehr]	flake	flocon [flu-kOH]
favorite	favori, favorite	flame	flamme [flam]
	[fa-vor-ee, -eet]	flamingo	flamant [fla-mAH]
fear	peur [pur]	flash of lightning	éclair [ay-klehr]
feather	plume [plewm]		
February	février [fay-vree-yay]	flashlight	lampe de poche
feed	donner à manger		[lAHp de pu-sh]
	[dun-ay a mAH-zh-ay]	flat	plat, plate [pla, plat]
feel shame	avoir honte [av-war OHt]	flee	fuir [few-eer]

163

float	flotter [flu-tay]	friend	ami, amie [a-mee]
flood	inonder [ee-nOH-day]	frighten	effrayer [ay-fray-yay]
floor (level)	étage [ay-ta-zh]	frog	grenouille [gre-noo-y]
flour	farine [fa-reen]	from	de [de]
flower	fleur [flur]	from...until	depuis...jusqu'à
flower bud	bouton [boo-tOH]		[de-pew-ee...zh-ews-ka]
flu, influenza	grippe [greep]	front	avant; devant
flute	flûte [flewt]		[a-vAH; de-vAH]
fly (insect)	mouche [moosh]	fruit	fruit [frew-ee]
fog	brouillard [broo-yar]	fry	frire [freer]
fold	plier [plee-yay]	full	plein, pleine
foot	pied [pyay]		[plEH, plehn]
for	pour [poor]	fun fair	foire [fwar]
forbid	défendre; interdire	function	marcher [mar-shay]
	[day-fAH-dr; EH-tehr-deer]	funny	drôle [drohl]
forehead	front [frOH]	furniture	meuble [mu-bl]
foreign,	étranger, étrangère	future	avenir [av-neer]
foreigner	[ay-trAH-zh-ay, -ehr]		

G

foreign	langue étrangère	game	jeu, match, partie
language	[lAHg ay-trAH-zh-ehr]		[zh-uh, mach, par-tee]
forest	forêt [for-eh]	garage	garage [ga-ra-zh]
forget	oublier [oo-blee-yay]	garbage	ordure [or-dewr]
fork	fourchette [foor-sh-eht]	garbage pail	poubelle [poo-behl]
form	forme [form]	garden	jardin [zh-ar-dEH]
former	ancien, ancienne	gardener	jardinier, jardinière
	[AHs-yEH, -yehn]		[zh-ar-deen-yay, -yehr]
forward	avant [a-vAH]	gasoline	essence [ay-sAHs]
fountain	fontaine [fOH-tehn]	generous	généreux, généreuse
fragrance	parfum [par-fUH]		[zh-ay-nay-ruh, -ruhz]
franc	franc [frAH]	gentle	doux, douce
France	France [frAHs]		[doo, dooss]
free	gratuit, gratuite	gentlemen	messieurs [may-syuh]
(no charge)	[gra-tew-ee, -eet]	German	allemand, allemande
freeze	geler [zhe-lay]		[al-mAH, -mAHd]
French	français, française	German	allemand [al-mAH]
	[frAH-seh, -sehz]	(language)	
French fries	frites [freet]	Germany	Allemagne [al-ma-ny]
French	français [frAH-seh]	get along	s'entendre [sAH-tAH-dr]
(language)		get away	échapper [ay-sha-pay]
fresh	frais, fraîche		
	[freh, freh-sh]		

get in	monter [mOH-tay]	good	bon, bonne [bOH, bun]
get married	se marier [se mar-yay]	good day (greeting)	bonjour [bOH-zh-oor]
get off	descendre [day-sAH-dr]	good evening (greeting)	bonsoir [bOH-swar]
get rid of	débarrasser [day-ba-ra-say]	good luck!	bonne chance! [bun sh-AHs]
get up	se lever [se le-vay]	good night!	bonne nuit! [bun new-ee]
ghost	fantôme [fAH-tohm]	goose	oie [wa]
giant	géant [zh-ay-AH]	gorilla	gorille [go-ree]
gift	cadeau [ka-doh]	grade (school)	note [nut]
giraffe	girafe [zh-ee-raf]	grand- children	petits-enfants [ptee-zAHfAH]
girl	jeune fille [zh-un fee]	grand- daughter	petite-fille [pteet-fee]
give	donner [dun-ay]	grandfather	grand-père [grAH-pehr]
glad	content, contente [kOH-tAH, -tAHt]	grandma	mami, mémé [ma-mee, may-may]
gleam	briller [bree-yay]	grandmother	grand-mère [grAH-mehr]
glove	gant [gAH]	grandpa	papi, pépé [pa-pee, pay-pay]
glue	colle; coller [kul; kul-ay]	grandparents	grands-parents [grAH-parAH]
glutton	gourmand, gourmande [goor-mAH, -mAHd]	grandson	petit-fils [ptee-feess]
go	aller [alay]	grapefruit	pamplemousse [pAH-ple-mooss]
go down	descendre [day-sAH-dr]	grass	herbe [ehrb]
go get	aller chercher [a-lay sh-ehr-shay]	gray	gris, grise [gree, greez]
go in	entrer [AH-tray]	Greece	Grèce [grehss]
go meet	aller chercher [a-lay sh-ehr-shay]	Greek	grec, grecque [grehk]
go shopping	faire les courses [fehr lay koorss]	Greek (language)	grec [grehk]
go to bed	aller se coucher [alay se koo-shay]	grill	griller [gree-yay]
go to school	aller à l'école [alay al-ay-kul]	grotto	grotte [grut]
go up	monter [mOH-tay]	group	groupe [groop]
goal	but [bew]	grow	grandir; pousser [grAH-deer; poo-say]
goat	chèvre [sh-eh-vr]	growl	grogner [gru-ny-ay]
goblet	goblet [gub-leh]	guard	garde; garder [gard; gar-day]
God	Dieu [dyuh]		
goddess	déesse [day-ehss]		
gold	or [or]		
goldfish	poisson rouge [pwa-sOH roo-zh]		

guardian	gardien [gard-yEH]		have	avoir [av-war]
guess	deviner [de-vee-nay]		have a fever	avoir de la fièvre
guide	guider [gee-day]			[av-ward la fy-eh-vr]
guinea pig	cochon d'Inde		have a	avoir mal à la tête
	[kush-OH-dEHd]		headache	[av-war mal a la teht]
guitar	guitare [gee-tar]		have a	avoir mal à la gorge
			sore throat	[av-war mal a la gor-zh]
			have a	avoir mal aux dents
			toothache	[av-war mal oh dAH]

H

			have dinner	dîner [dee-nay]
habit	habitude [a-bee-tewd]		have fun	s'amuser [sam-ew-zay]
hair	cheveux [sh-vuh]		hawk	faucon [foh-kOH]
hair stylist	coiffeur, coiffeuse		hay	foin [fwEH]
	[kwa-fur, -fuhz]		he	il [eel]
half	demi, demie; moitié		headache	mal à la tête
	[demee, demee; mwat-yay]			[mal a la teht]
hallway	couloir [kool-war]		hear	entendre [AH-tAH-dr]
ham	jambon [zh-AH-bOH]		heart	coeur [kur]
hammer	marteau [mar-toh]		heat	chaleur; chauffer
hamster	hamster [am-stehr]			[sha-lur; sh-oh-fay]
hand	main [mEH]		heating	chauffage [sh-oh-fa-zh]
hand (of a	aiguille [ehg-ew-ee]		heavy	lourd, lourde [loor, loord]
watch, clock)			hedge	haie [eh]
hand iron	fer [fehr]		hedgehog	hérisson [ay-ree-sOH]
handful	poignée [pwa-ny-ay]		helicopter	hélicoptère
handkerchief	mouchoir [moosh-war]			[ay-lee-kup-tehr]
handle	manche [mAH-sh]		hello	bonjour [bOH-zh-oor]
hands up!	haut les mains!		(greeting)	
	[oh lay mEH]		hello	allô [a-loh]
hang	accrocher; pendre		(on phone)	
	[ak-rush-ay; pAH-dr]		helmet	casque [kask]
happen	se passer [se pa-say]		help	aide; aider [ehd; eh-day]
happy	heureux, heureuse		hen	poule [pool]
	[ur-uh, -uhz]		here	ici [ee-see]
Happy	Joyeux anniversaire!		hide	cacher [ka-shay]
Birthday!	[zh-wa-yuh a-nee-vehr-sehr]		hide-and-seek	cache-cache [kash-kash]
Happy	Bonne année!		high	haut, haute [oh, oht]
New Year!	[bun a-nay]		highway	autoroute [oh-toh-root]
hard	dur, dure [dewr, dewr]		hill	colline [kul-een]
harm	faire mal [fehr mal]		him	lui, le [lew-ee, le]
hat	chapeau [sha-poh]		hinder	empêcher [AH-peh-shay]
hate	détester [day-tehs-tay]			

hippopotamus	hippopotame [ee-po-po-tam]	ice skate	patin à glace [pa-tEH a glas]
hit	coup; cogner; frapper [koo; ku-ny-ay; fra-pay]	idea	idée [ee-day]
		illness	maladie [ma-la-dee]
hockey stick	crosse de hockey [krus de uk-eh]	imagination	imagination [ee-ma-zh-ee-nas-yOH]
hog	porc [por]	imagine	imaginer [ee-ma-zh-ee-nay]
holiday	jour férié [zh-oor fay-ree-ay]		
		imagine oneself	s'imaginer [see-ma-zh-ee-nay]
homework	devoirs [de-vwar]		
honest	honnête [un-eht]	impertinent	impertinent [EH-pehr-tee-nAH]
honey	miel [myehl]		
hope	espérer [ehs-pay-ray]	impolite	impoli, impolie [EH-pul-ee, -ee]
horn	corne; klaxon [korn; klak-sun]		
		important	important, importante [EH-por-tAH, -tAHt]
horrible	horrible [or-eebl]		
horse, horses	cheval, chevaux [shval, shvoh]	impossible	impossible [EH-pus-ee-bl]
		imprudent	imprudent, imprudente [EH-prew-dAH, -dAHt]
hospital	hôpital [up-ee-tal]		
hot	chaud, chaude [sh-oh, -ohd]	in	à, dans, en [a, dAH, AH]
		in addition	en plus [AH-plewss]
hotel	hôtel [oh-tehl]	in front (of)	devant [de-vAH]
hour	heure [ur]	in the distance	au loin [oh lwEH]
house	maison [meh-zOH]		
how	comment [kum-AH]	in the morning	le matin [le mat-EH]
how much	combien [kOH-by-EH]		
however	pourtant [poor-tAH]	India	Inde [EHd]
hug	embrasser [AH-bra-say]	Indian	indien, indienne [EHd-yEH, -yehn]
hundred	cent [sAH]		
hunger	faim [fEH]	indicate	indiquer [EH-dee-kay]
hurry	se presser [se preh-say]	inflate	gonfler [gOH-flay]
hurt	blesser [bleh-say]	influenza, flu	grippe [greep]
hurt oneself	se faire mal [se fehr mal]	inhabit	habiter [a-bee-tay]
husband	mari [ma-ree]	ink	encre [AH-kr]
hut	cabane [ka-ban]	insect	insecte [EH-sehkt]
		inside	dedans [de-dAH]
I		instrument	instrument [EH-strew-mAH]
		intelligent	intelligent, intelligente [EH-tehl-ee-zh-AH, -AHt]
I	je [zhe]		
ice, ice cream	glace [glas]	intend	penser [pAH-say]
		intentionally	exprès [ehks-preh]

interesting	intéressant, intéressante [EH-tay-ray-sAH, -AHt]		juice	jus [zh-ew]
			July	juillet [zh-ew-ee-yeh]
interview	interview [EH-tehr-vew]		jump rope	corde à sauter [kord a soh-tay]
introduce	présenter [pray-zAH-tay]			
invite	inviter [EH-vee-tay]		June	juin [zh-ew-ee-yEH]
iron	fer [fehr]		jungle	jungle [zh-UH-gl]
island	île [eel]		just now	juste [zh-ewst]
it	ce, c'; il, elle [se, s; eel, ehl]			

K

it is necessary	il faut [eel foh]		kangaroo	kangourou [kAH-goo-roo]
it's bad (weather)	il fait mauvais [eel feh mu-veh]		keep	garder [gar-day]
			keeper	gardien [gard-yEH]
it's cold (weather)	il fait froid [eel feh frwa]		ketchup	ketchup [keht-chup]
			key	clé [klay]
it's nice (weather)	il fait beau [eel feh boh]		kind	gentil, gentille [zh-AH-tee, -y]
it's three o'clock.	il est trois heures. [eel eh trwa-zur]		kindergarten	maternelle [ma-tehr-nehl]
it's warm (weather)	il fait chaud [eel feh sh-oh]		kiss	baiser; embrasser [bay-zay; AH-bra-say]
Italian	italien, italienne [ee-tal-yEH, -yehn]		kitchen	cuisine [kew-ee-zeen]
			kitchen stove	cuisinière [kew-ee-zeen-yehr]
Italian (language)	italien [ee-tal-yEH]		kite	cerf-volant [sehr-vul-AH]
			knee	genou [zh-noo]
Italy	Italie [ee-tal-ee]		knife	couteau [koo-toh]
			knight	chevalier [shval-yay]

J

			knock	cogner; frapper [ku-ny-yay; fra-pay]
January	janvier [zh-AHv-yay]		knot	noeud [nuh]
Japan	Japon [zh-a-pOH]		know	connaître [kun-ehtr]
Japanese	japonais, japonaise [zh-a-pun-eh, -ehz]		knowledge	connaissance [kun-eh-sAHs]
Japanese (language)	japonais [zh-a-pun-eh]		koala	koala [ku-ala]
jeans	jeans [dzh-een]			
jewel	bijou [bee-zh-oo]			

L

join	joindre [zh-wEH-dr]		ladder	échelle [ay-sh-ehl]
joke	plaisanterie [pleh-zAH-tree]		lady	dame [dahm]
joy	joie [zh-wa]		ladybug	coccinelle [kuk-see-nehl]
joyous	joyeux, joyeuse [zh-wa-yuh, -yuhz]		lake	lac [lak]

lamb	agneau [a-ny-oh]	line	ligne [lee-ny]
lamp	lampe [lAHp]	lion	lion [lee-yOH]
land	atterrir; terre	lip	lèvre [leh-vr]
	[a-tehr-eer; tehr]	liquid	liquide [lee-keed]
last	dernier, dernière	list	liste [leest]
	[dehrn-yay, -yehr]	listen (to)	écouter [ay-koo-tay]
lawn	gazon [ga-zOH]	listen to	écouter la radio
lazy	paresseux, paresseuse	the radio	[ay-koo-tay la rad-yo]
	[paray-suh, -suhz]	little (quantity)	peu [puh]
lead	conduire [kOH-dew-eer]	little by little	peu à peu [puh a puh]
leaf	feuille [fu-y]	loaf of French	baguette [ba-geht]
lean	appuyer; pencher	bread	
	[a-pew-ee-yay; pAH-shay]	lock	fermer à clé
learn	apprendre [ap-rAH-dr]		[fehr-may a klay]
leash	laisse [lehss]	long	long, longue [lOH, lOHg]
leather	cuir [kew-eer]	look for	chercher [sh-ehr-shay]
leave	laisser; partir	lose	perdre [pehr-dr]
	[leh-say; par-teer]	love	aimer; amour
left	gauche [goh-sh]		[ay-may; amoor]
leg	jambe [zh-AHb]	lovely	beau, bel, belle
lemon	citron [see-trOH]		[boh, behl, behl]
lemonade	limonade [lee-mun-ad]	low	bas [bah]
lend	prêter [preh-tay]	luck	chance [sh-AHs]
less	moins [mwEH]	lunch	déjeuner [day-zh-un-ay]
lesson	leçon [le-sOH]	Luxembourg	Luxembourg
letter	lettre [lehtr]		[lewks-AH-boor]
lettuce	laitue [lay-tew]		
library	bibliothèque		
	[bee-blee-u-tehk]		

M

lid	couvercle [koo-vehr-kl]	machine	machine [ma-sheen]
lie	mentir [mAH-teer]	madam	madame [ma-dam]
lie down	se coucher [se koo-shay]	magazine	magazine [ma-ga-zeen]
light	allumer; lumière	mail	poste [pust]
	[a-lew-may; lewm-yehr]	mail box	boîte aux lettres
light (color)	clair, claire [klehr]		[bwat oh lehtr]
light (weight)	léger, légère	mail carrier	facteur [fak-tur]
	[lay-zh-ay, -ehr]	make	faire [fehr]
lightning	éclair [ay-klehr]	make a cake	faire un gâteau
like	aimer [ay-may]		[fehr UH ga-toh]
like, as	comme [kum]	make up	se décider
like to do	aimer faire [ay-may fehr]	one's mind	[se day-see-day]

169

male	mâle [mahl]	mine	le mien, la mienne
man	homme [um]		[le myEH, la myehn]
manner	manière [ma-ny-ehr]	mineral	eau minérale
many	beaucoup [boh-koo]	water	[oh mee-nay-ral]
map	carte [kart]	minute	minute [mee-newt]
marbles	billes [bee-y]	mirror	glace; miroir
March	mars [marss]		[glas; meer-war]
mark	marquer [mar-kay]	Miss	Mademoiselle, Mlle
market	marché [mar-shay]		[mad-mwa-zehl]
marriage	mariage [mar-ya-zh]	miss	manquer [mAH-kay]
married	marié, mariée	mistake	faute [foht]
	[mar-yay]	Mister	Monsieur [me-syuh]
mask	masque [mask]	mix	mélanger [may-lAH-zh-ay]
match	allumette [a-lew-meht]	mom	maman [ma-mAH]
mathematics	mathématiques	moment	moment [mu-mAH]
	[ma-tay-ma-teek]	Monday	lundi [lUH-dee]
mattress	matelas [mat-la]	money	argent [ar-zh-AH]
May	mai [meh]	monster	monstre [mOH-str]
maybe	peut-être [put-ehtr]	month	mois [mwa]
me	me, m', moi	moon	lune [lewn]
	[me, m, mwa]	more	plus [plewss]
meager	maigre [meh-gr]	morning	matin [ma-tEH]
medicine	médicament	mother	mère [mehr]
	[may-dee-ka-mAH]	motor	moteur [mu-tur]
melody	mélodie [may-lu-dee]	motorcycle	moto [mu-toh]
melon	melon [me-lOH]	mountain	montagne [mOH-tAH-ny]
melt	fondre [fOH-dr]	mouth	bouche [boosh]
merchant	marchand, marchande	move	bouger [boo-zh-ay]
	[mar-shAH, -shAHd]	movement	mouvement [moov-mAH]
Merry	Joyeux Noël!	Mr.	M. [me-syuh]
Christmas!	[zh-wa-yuh nu-ehl]	Mrs.	Mme [ma-dam]
merry	joyeux, joyeuse	much	beaucoup [boh-koo]
	[zh-wa-yuh, -yuhz]	mud	boue [boo]
merry-go-	carrousel [ka-roo-sehl]	museum	musée [mew-zay]
round		mushroom	champignon
message	message [may-sa-zh]		[shAH-pee-ny-OH]
metal	métal [may-tal]	music	musique [mew-zeek]
microphone	microphone [mee-kru-fun]	musical	instrument de musique
middle	milieu [meel-yuh]	instrument	[EH-strew-mAH de mew-zeek]
midnight	minuit [mee-new-ee]	must	devoir; falloir
milk	lait [leh]		[devwar; falwar]

my	mon, ma, mes [mOH, ma, may]
myself	moi-même [mwa-mehm]

N

nail	clou [kloo]
name	nom [nOH]
narrow	étroit, étroite [ay-trwa, -trwat]
nasty	méchant, méchante [may-shAH, -shAHt]
nature	nature [na-tewr]
near	près [preh]
necessary	nécessaire [nay-say-sehr]
neck	cou [koo]
necklace	collier [kul-yay]
necktie	cravate [kra-vat]
need	besoin; falloir [be-zwEH; fal-war]
needle	aiguille [ehg-ew-ee-y]
nephew, nephews	neveu, neveux [ne-vuh, -vuh]
nest	nid [nee]
net	filet [feel-eh]
Netherlands	Pays-Bas [pay-ee bah]
never	jamais [zh-am-eh]
new	neuf; nouveau [nuf; noo-voh]
news	nouvelles [noo-vehl]
newspaper, newspapers	journal, journaux [zh-oor-nal, -noh]
next door	à côté [a ko-tay]
next to	à côté de [a ko-tay de]
nice	gentil, gentille [zh-AH-tee, -y]
niece	nièce [ny-ehss]
night	nuit [new-ee]
nine	neuf [nuf]
nineteen	dix-neuf [deez-nuf]
no	non [nOH]

no matter what	n'importe quoi [nEH-port-kwa]
no matter when	n'importe quand [nEH-port-kAH]
no matter where	n'importe où [nEH-port-oo]
no matter which one	n'importe lequel (laquelle) [nEH-port-le-kehl, -la-kehl]
no matter which ones	n'importe lesquels (lesquelles) [nEH-port-lay-kehl]
no matter who	n'importe qui [nEH-port-kee]
nobody	personne [pehr-sun]
noise	bruit [brew-ee]
noon	midi [mee-dee]
normally	d'habitude [da-bee-tewd]
north	nord [nor]
Norway	Norvège [nor-veh-zh]
Norwegian	norvégien, norvégienne [nor-vay-zh-yEH, -yehn]
nose	nez [nay]
not	pas [pah]
not any, not one	aucun, aucune [oh-kUH, -kewn]
note	billet, note; noter [bee-yeh, nut; nut-ay]
notebook	cahier [ka-yay]
notice	apercevoir [a-pehr-se-vwar]
nourish	nourrir [noo-reer]
November	novembre [nu-vAH-br]
now	maintenant [mEHt-nAH]
nowhere	nulle part [newl par]
number	chiffre; nombre; numéro [sheefr; nOHbr; new-may-ro]
numerous	nombreux, nombreuse [nOH-bruh, -bruhz]
nurse	infirmier, infirmière [EH-feerm-yay, -yehr]
nutshell	coquille [kuk-ee]

O

obey	obéir [ub-ay-eer]
objective	but [bew]
ocean	océan [us-ay-AH]
October	octobre [uk-tubr]
odor	odeur [ud-ur]
of	de [de]
offer	offrir [uf-reer]
office	bureau [bew-roh]
oil	huile [yew-eel]
okay	ça va; d'accord; okay [sa va; dak-or; uk-ay]
old	ancien, ancienne [AH-syEH, -syehn]
on one's lap	sur les genoux [sewr lay zh-noo]
on the contrary	au contraire [oh kOH-trehr]
once	une fois [ewn fwa]
one hundred	cent [sAH]
one thousand	mille [meel]
one time	une fois [ewn fwa]
onion	oignon [u-ny-OH]
open	ouvert; ouvrir [oo-vehr; oo-vreer]
opposed	contre [kOH-tr]
opposite	contraire; en face de [kOH-trehr; AH fas de]
or	ou [oo]
orange	orange [or-AH-zh]
orchestra	orchestre [or-keh-str]
orchestra conductor	chef d'orchestre [sh-ehf dor-keh-str]
order	commander; ordre [kumAH-day; or-dr]
ostrich	autruche [oh-trew-sh]
our	notre, nos [nutr, noh]
ours	le nôtre, la nôtre, les nôtres [le, la, les noh-tr]
ourselves	nous-mêmes [noo-mehm]

out, outside	dehors [de-or]
outer space	espace [ehs-pas]
oval	oval [uv-al]
oven	four [foor]
over	dessus [de-sew]
over there	là-bas [la-bah]
overcoat	manteau [mAH-toh]
owl	hibou [ee-boo]
own	posséder [pus-ay-day]
ox	boeuf [buf]

P

package	paquet [pa-keh]
paddle	pagaie [pa-geh]
page	page [pa-zh]
paint	peindre; peinture [pEH-dr; pEH-tewr]
paintbrush (artist's)	pinceau [pEH-soh]
painter	peintre [pEH-tr]
painting (picture)	peinture [pEH-tewr]
pair	paire [pehr]
palace	palais [pa-leh]
pale	pâle [pahl]
panda	panda [pAH-da]
panel	panneau [pa-noh]
pants	pantalon [pAH-ta-lOH]
paper	papier [pap-yay]
pardon	pardon; pardonner [par-dOH; -dun-ay]
parents	parents [par-AH]
park	parc [park]
park (a car)	garer [gar-ay]
parking	parking [par-keen]
parrot	perroquet [pay-ruk-eh]
part	part; partie [par; par-tee]
partner	partenaire [par-te-nehr]
party	fête [feht]
pass (a car)	dépasser [day-pah-say]

pass by	passer [pah-say]	pharmacy	pharmacie [far-ma-see]
passage	passage [pah-sa-zh]	photo	photo [fu-toh]
passenger	passager, passagère	piano	piano [pya-noh]
	[pah-sa-zh-ay, -ehr]	pick	cueillir [ku-yeer]
passport	passeport [pahs-por]	picnic	pique-nique [peek-neek]
past	passé [pah-say]	picture	image [ee-mazh]
pasta	pâtes [paht]	picture book	livre d'images
paste	pâte [paht]		[lee-vre dee-mazh]
pastime	passe-temps [pahs-tAH]	piece	pièce; morceau
patient	patient, patiente		[py-ehs; mor-so]
	[pas-yAH, -yAHt]	pig	cochon [kush-OH]
patron	patron [pa-trOH]	pigeon	pigeon [pee-zh-OH]
paw	patte [pat]	piglet	petit cochon
pay	payer [pay-yay]		[ptee kush-OH]
pea	pois [pwa]	pillow	oreiller [or-ay-yay]
peach	pêche [peh-sh]	pilot	pilote [pee-lut]
peanut	cacahouète [ka-ka-weht]	pin	épingle [ay-pEH-gl]
pear	poire [pwar]	pineapple	ananas [a-na-nas]
peasant	paysan, paysanne	pipe	pipe [peep]
	[pay-ee-zAH, -zan]	pirate	pirate [pee-rat]
pedestrian	piéton, piétonne	pizza	pizza [peed-za]
	[pyay-tOH, -tun]	place	lieu; mettre; poser
pedestrian	passage clouté		[ly-uh; mehtr; po-zay]
crossing	[pah-sa-zh kloo-tay]	plan	plan [plAH]
peel	peler [pe-lay]	plank	planche [plAH-sh]
pencil	crayon [kreh-yOH]	plant	plante [plAHt]
penguin	pingouin [pEH-gwEH]	plastic	plastique [plas-teek]
people	gens [zh-AH]	plate	assiette [ass-yeht]
pepper	poivre [pwavr]	platform	estrade [ehs-trad]
perceive	apercevoir	play	jouer [zh-way]
	[a-pehr-se-vwar]	player	joueur, joueuse
perfect	parfait, parfaite		[zh-wur, -wuhz]
	[par-feh, par-feht]	pleasant	agréable [a-gray-abl]
perfume	parfum [par-fUH]	pleasure	plaisir [play-zeer]
period	point [pwEH]	pliers	pince [pEHs]
perk up	dresser [dray-say]	pocket	poche [pu-sh]
permit	permettre [pehr-mehtr]	pocket	calculatrice de poche
person	personne [per-sun]	calculator	[kal-kew-la-treess de push]
pharmacist	pharmacien,	pocket	argent de poche
	pharmacienne	money	[ar-zhAH de push]
	[far-mas-yEH, -yehn]	pocketknife	canif [ka-neef]

poem	poème [pu-ehm]	preferred	préféré [pray-fay-ray]
point	point [pwEH]	prepare	préparer [pray-pa-ray]
pole	poteau [pu-toh]	present	présent [pray-zAH]
police	police [pul-eess]	present (gift)	cadeau [ka-doh]
police officer	agent de police [azh-AH de pul-eess]	preserves	confiture [kOH-fee-tewr]
		president	président, présidente [pray-zee-dAH, -dAHt]
police station	poste de police [pust de pul-eess]	press	appuyer; presser [a-pew-ee-yay; preh-say]
polite	poli, polie [pul-ee]	pretend	faire semblant
pond	étang [ay-tAH]		[fehr sAH-blAH]
pony	poney [pun-eh]	pretty	joli, jolie [zh-ul-ee]
poor	pauvre [po-vr]	prevent	empêcher [AH-peh-shay]
pork	porc [por]	priest	prêtre [preh-tr]
port	port [por]	proud	fier, fière [fy-ehr, -ehr]
Portugal	Portugal [por-tew-gal]	pub	bistrot [bee-stro]
Portuguese	portugais, portugaise [por-tew-geh, -gehz]	pump up	gonfler [gOH-flay]
		pumpkin	citrouille [see-troo-y]
Portuguese (language)	portugais [por-tew-geh]	pupil	élève [ay-lehv]
		puppy	chiot [sh-yo]
possible	possible [pus-eebl]	purse	bourse [boorss]
post card	carte postale [kart pus-tal]	push	pousser [poo-say]
		put	poser; mettre [po-zay; mehtr]
post office	poste [pust]		
poster	affiche; poster [a-feesh; pus-tehr]		
posy	bouquet [boo-keh]	**Q**	
pot	marmite; pot [mar-meet; poh]	quiet	calme; tranquille [kalm; trAH-kee-y]
potato	pomme de terre [pum de tehr]	**R**	
potato chips	chips [sheeps]		
pound	livre [lee-vr]	rabbit	lapin [la-pEH]
powder	poudre [poo-dr]	race	course [koorss]
practice	pratiquer [pra-tee-kay]	railroad	chemin de fer [shmEHd-fehr]
precaution	précaution [pray-ko-syOH]	railroad station	gare [gar]
preceding	précédent [pray-say-dAH]		
precious	précieux [pray-sy-uh]	rain	pleuvoir; pluie [pluh-vwar; plew-ee]
precious stone	bijou [bee-zh-oo]	rainbow	arc-en-ciel [ark-AH-sy-ehl]
prefer	préférer [pray-fay-ray]		

raincoat	imperméable [EH-pehr-may-abl]	rooster	coq [kuk]
raise	élever; lever [ayl-vay; le-vay]	rope	corde [kord]
		rub	frotter [fru-tay]
raised	élevé [ayl-vay]	rubber band	élastique [ay-las-teek]
raspberry	framboise [frAH-bwaz]	rubber boot	botte en caoutchouc [but AH ka-oo-choo]
rather	assez; plutôt [a-say; plew-toh]	rubber eraser	gomme [gum]
raw	cru, crue [krew]	rumble	gronder [grOH-day]
reach	atteindre [a-tEH-dr]	run	courir [koo-reer]
read	lire [leer]		
ready	prêt [preh]		

S

rear	arrière; derrière [ar-yehr; dehr-yehr]	safety belt	ceinture de sécurité [sEH-tewr de say-kew-ree-tay]
record (disk)	disque [deesk]	sailor	marin [ma-rEH]
relative	parent, parente [par-AH, -AHt]	same	même [mehm]
		Santa Claus	Père Noël [pehr nu-ehl]
remove	enlever [AHl-vay]	save (money)	faire des économies [fehr day zay-kun-um-ee]
request	demander [de-mAH-day]	say	dire [deer]
ride a horse	monter à cheval [mOH-tay a shval]	scale	balance [bal-AHs]
rifle	fusil [few-zee]	scarf	écharpe [ay-sharp]
right	droit, droite [drwa, drwat]	school	école [ay-kul]
right side	droite [drwat]	school bag	cartable [kar-tabl]
ring	bague [bahg]	schoolgirl	écolière [ay-kul-yehr]
ripe	mûr, mûre [mewr, mewr]	school principal	directeur, directrice [dee-rehk-tur, -treess]
rise	se lever [se le-vay]	schoolboy	écolier [ay-kul-yay]
rise up	élever [ayl-vay]	scissors	ciseaux [see-zo]
river	fleuve [fluv]	scold	gronder [grOH-day]
road	chemin [shmEH]	scorch	brûler [brew-lay]
rocket	fusée [few-zay]	score a goal	marquer un but [mar-kay UH bew]
rocking chair	fauteuil à bascule [fo-tu-y a bas-kewl]	scratch	gratter; griffer [gra-tay; gree-fay]
rocking horse	cheval à bascule [shval a bas-kewl]	sea	mer [mehr]
rod	barre [bar]	seagull	mouette [mweht]
roll (bread)	petit pain [ptee pEH]	seashore	bord de la mer; côte [bor de la mehr; koht]
roller skate	patin à roulettes [pa-tEH a roo-leht]	seat	place [plas]
room	chambre; pièce [shAH-br; pee-yehs]	seated	assis, assise [a-see, -seez]

second	deuxième [duhz-yehm]	should	devoir [de-vwar]
seed	graine [grehn]	shoulder	épaule [ay-pohl]
seem	avoir l'air; paraître	shout	crier [kree-yay]
	[av-war lehr; pa-reh-tr]	shove	pousser [poo-say]
seesaw	bascule [bas-kewl]	shovel	pelle [pehl]
select	choisir [shwa-zeer]	show	montrer [mOH-tray]
sell	vendre [vAH-dr]	shower	douche [doosh]
send	envoyer [AH-vwa-yay]	sick	malade [ma-lad]
sentence	phrase [fraz]	sick with	enrhumé, enrhumée
set the table	mettre la table	a cold	[AH-rew-may]
	[mehtr la tabl]	sickness	maladie [ma-la-dee]
settle	décider [day-see-day]	side	côté [koh-tay]
seventeen	dix-sept [dee-seht]	side (of	face [fas]
several	plusieurs [plewz-yur]	cassette)	
sew	coudre [koo-dr]	similar	pareil, pareille [pa-reh-y]
sewer	égout [ay-goo]	since	depuis [de-pew-ee]
shade	ombre [OH-br]	sing	chanter [sh-AH-tay]
shake	agiter [a-zh-ee-tay]	singer	chanteur, chanteuse
shame	honte [OHt]		[sh-AH-tur, -tuhz]
share	partager [par-tazh-ay]	singing	chant [shAH]
she	elle [ehl]	sir	monsieur [me-syuh]
she herself	elle-même [ehl-mehm]	sirs	messieurs [may-syuh]
sheep	mouton [moo-tOH]	sit down	s'asseoir [sas-war]
shelf	étagère [ay-tazh-ehr]	sitting	assis, assise [a-see, -seez]
shell	coquille [kuk-ee]	skate	patin; patiner
shepherd	berger [behr-zh-ay]		[pa-tEH; -tee-nay]
shine	briller [bree-yay]	skin	peau [poh]
ship	bateau [ba-toh]	skirt	jupe [zh-ewp]
shirt	chemise [shmeez]	sky	ciel [sy-ehl]
shoe	chaussure [sh-oh-sewr]	skyscraper	gratte-ciel [grat-sy-ehl]
shoe polish	cirage [see-razh]	sled	luge [lew-zh]
shoe size	pointure [pwEH-tewr]	sleep	dormir [dor-meer]
shoelace	lacet [la-seh]	sleeve	manche [mAH-sh]
shop	boutique [boo-teek]	slide	glisser [glee-say]
shopping cart	caddie [ka-dee]	slip	glisser [glee-say]
shopping	centre commercial	slipper	pantoufle [pAH-toofl]
center	[sAH-tr kum-ehr-syal]	slope	pente [pAHt]
short	court, courte [koor, koort]	slow	lent, lente [lAH, lAHt]
short pants	culotte [kew-lut]	small	petit, petite [ptee, pteet]
shorts	culottes courtes	small crow	corneille [kor-neh-y]
	[kew-lut koort]	smoke	fumée; fumer [few-may]

smooth	lisse [leess]	spoil	gâter [gah-tay]
snack	goûter [goo-tay]	sponge	éponge [ay-pOH-zh]
snail	escargot [ehs-kar-go]	spoon	cuillère [kew-ee-yehr]
sneeze	éternuer [ay-tehr-new-ay]	sports game	match [mach]
snow	neige [neh-zh]	square	carré [ka-ray]
snowball	boule de neige	squirrel	écureuil [ay-kew-ru-y]
	[bool de neh-zh]	stable	écurie [ay-kew-ree]
snowman	bonhomme de neige	stag	cerf [sehr]
	[bun-um de neh-zh]	stairs	escalier [ehs-kal-yay]
so	alors [a-lor]	stand up	se mettre debout
soccer ball	football [foot-bohl]		[se mehtr de-boo]
sock	chaussette [sh-oh-seht]	standing	debout [de-boo]
sofa	canapé [ka-na-pay]	star	étoile [ay-twal]
soft	doux, douce; mou, mol,	step	pas [pah]
	molle [doo, dooss; moo, mul]	step (stairs)	marche [marsh]
soft-boiled	oeuf à la coque	stick	bâton [bah-tOH]
egg	[uf a la kuk]	sticky	collant, collante
some	des [day]		[kul-AH, -AHt]
some of it	en [AH]	still	encore [AH-kor]
son	fils [feess]	sting	piquer; piqûre
song	chanson; chant		[pee-kay; -kewr]
	[sh-AH-sOH; shAH]	stocking	bas [bah]
soon	bientôt [by-EH-toh]	stone	pierre [py-ehr]
sorry	désolé [day-zul-ay]	stop	arrêt; arrêter
sound	bruit [brew-ee]		[a-reh; a-reh-tay]
space	espace [ehs-pas]	store	magasin [ma-ga-zEH]
spaceship	navette spatiale	stork	cigogne [see-gu-ny]
	[na-veht spas-yal]	storm	orage [or-azh]
Spain	Espagne [ehs-pa-ny]	story	histoire [ee-stwar]
Spanish	espagnol, espagnole	straight	tout droit [too drwa]
	[ehs-pa-ny-ul]	ahead	
Spanish	espagnol [ehs-pa-ny-ul]	strange	étrange; étranger
(language)			[ay-trAH-zh; ay-trAH-zh-ay]
speak	parler [par-lay]	straw	paille [pah-y]
species	espèce [ehs-pehs]	strawberry	fraise [frehz]
spell	épeler [ay-play]	stream,	courant [koo-rAH]
spend	dépenser [day-pAH-say]	current	
(money)		string	ficelle [fee-sehl]
spend (time)	passer [pah-say]	strong	fort, forte [for, fort]
spider	araignée [a-ray-ny-ay]	student	étudiant, étudiante
spinach	épinards [ay-pee-nar]		[ay-tewd-yAH, -yAHt]

study	étudier [ay-tewd-yay]	take a	prendre une douche
stuffed	animaux en peluche	shower	[prAH-dr ewn doosh]
animals	[a-nee-moh AH plew-sh]	take along	emmener [AHm-nay]
stylish	chic [sheek]	take away	enlever [AHl-vay]
subject	matière [mat-yehr]	take off	enlever [AHl-vay]
(of study)		talk	parler [par-lay]
suburbs	environs [AH-veer-OH]	tamed	apprivoisé [a-pree-vwa-zay]
subway	métro [may-troh]	taste	goûter [goo-tay]
succeed	arriver [a-ree-vay]	teach	enseigner [AH-sehn-yay]
sufficiently	assez [a-say]	teacher	instituteur, institutrice
suit	costume; habit		[EHsteetew-tur, -treess]
	[kus-tewm; a-bee]	team	équipe [ay-keep]
summer	été [ay-tay]	tear	larme [larm]
Sunday	dimanche [dee-mAH-sh]	tear up	déchirer [day-shee-ray]
sunglasses	lunettes de soleil	teddy bear	ours en peluche
	[lew-neht de sul-eh-y]		[oors AH pe-lewsh]
sunrise	lever du soleil	telephone	numéro de téléphone
	[le-vay dew sul-eh-y]	number	[new-may-rohd tay-lay-fun]
sunset	coucher du soleil	tell a lie	mentir [mAH-teer]
	[koo-shay dew sul-eh-y]	ten	dix [deess]
super	extra [ehk-stra]	textbook	manuel [ma-new-ehl]
sure	certain, certaine	thank you	merci [mehr-see]
	[sehr-tEH, -tehn]	that	ça, cela [sa, sla]
swallow	avaler [a-val-ay]	the	le, la, l', les [le, la, l, lay]
swan	cygne [see-ny]	the one,	celui, celle, ceux
sweet	doux, douce	the ones	[se-lew-ee, sehl, suh]
	[doo, dooss]	the weather	il fait beau [eel feh boh]
sweet pepper	poivron [pwa-vrOH]	is fine	
swim	nager [na-zh-ay]	their	leur, leurs [lur, lur]
swimming	piscine [pee-seen]	then	alors [a-lor]
pool		there	là [la]
swimsuit	maillot de bain	there is,	il y a [eel-ya]
	[ma-yohd bEH]	there are	
swing	balançoire [ba-lAH-swar]	therefore	donc [dOHk]
switch on	allumer [a-lew-may]	these	ces [say]
		they	ils, elles [eel, ehl]
T		thick	épais, épaisse
			[ay-peh, -pehs]
table	table [tabl]	thin	mince [mEHs]
tablecloth	nappe [nap]	things	affaires; choses
take	prendre [prAH-dr]		[a-fehr; sh-ohz]

think	penser [pAH-say]	top	dessus [de-sew]
this	ce, cet, cette; ceci	top floor	dernier étage
	[se, seht, seht; se-see]		[dehrn-yay ay-tazh]
this one,	celui-ci, celui-là	tough	dur, dure [dewr]
that one	[se-lew-ee-see, -la]	toy	jouet [zh-weh]
thousand	mille [meel]	traffic	circulation
throat	gorge [gor-zh]		[seer-kew-la-syOH]
throw	lancer [lAH-say]	traffic jam	bouchon [boosh-OH]
thumb	pouce [pooss]	traffic light	feux [fuh]
Thursday	jeudi [zh-uh-dee]	train	train [trEH]
ticket	billet [bee-yeh]	train	passage à niveau
tie	nouer [nway]	crossing	[pah-sa-zh a nee-voh]
tin can	boîte [bwat]	transfer	changer [sh-AH-zh-ay]
tiptoe	se faufiler [se foh-fee-lay]	trap	attraper [a-tra-pay]
tire	pneu [pnuh]	tree	arbre [ar-br]
tired	fatigué, fatiguée	trim	décorer [day-kor-ay]
	[fa-tee-gay]	truck	camion [kam-yOH]
tiring	fatigant [fa-tee-gAH]	trust	confiance [kOH-fyAHs]
to	à [a]	try, try on	essayer [ay-say-yay]
to him,	lui [lew-ee]	Tuesday	mardi [mar-dee]
to her		turkey	dinde [dEHd]
to me	me, m', moi [me, m, mwa]	turn off	éteindre [ay-tEH-dr]
to the	au, aux [oh]	turn on	allumer [a-lew-may]
to the left	à gauche [a goh-sh]	twelve	douze [dooz]
to the right	à droite [a drwat]	twin	jumeau, jumelle
to them	leur [lur]		[zh-ew-moh, -mehl]
today	aujourd'hui	two	deux [duh]
	[oh-zh-oor-dew-ee]		
toe	orteil [or-teh-y]		
together	ensemble [AH-sAH-bl]	# U	
tomorrow	demain [de-mEH]		
tomorrow	demain matin	ugly	laid, laide [leh, lehd]
morning	[de-mEH ma-tEH]	umbrella	parapluie [pa-ra-plew-ee]
tongue	langue [lAHg]	unbearable	insupportable
too	aussi [oh-see]		[EH-sew-por-tabl]
too bad!	dommage! [dum-azh]	uncle	oncle [OH-kl]
tool	outil [oo-tee]	under	au-dessous [ohd-soo]
tooth	dent [dAH]	underside	dessous [de-soo]
toothbrush	brosse à dents	understand	comprendre
	[bruss a dAH]		[kOH-prAH-dr]
toothpaste	dentifrice [dAH-tee-freess]	undress	déshabiller
			[day-za-bee-yay]

undress oneself	se déshabiller [se day-za-bee-yay]	warm	chaud, chaude [sh-oh, -ohd]
United States	États-Unis [ay-ta-zew-nee]	warn	avertir [a-vehr-teer]
unpleasant	désagréable [day-za-gray-abl]	wash	laver [la-vay]
		wash (laundry)	linge [IEH-zh]
until	à; jusque [a; zh-ews-ke]	wash basin	évier [ay-vyay]
until now	jusqu'ici [zh-ews-kee-see]	wash oneself	se laver [se la-vay]
up to	jusque [zh-ews-ke]		
upper part	dessus [de-sew]	washing machine	machine à laver [ma-sheen a la-vay]
upstairs	en haut [AH-oh]	washroom	lavabo [la-va-bo]
us	nous [noo]	wasp	guêpe [gehp]
		waste	gaspiller [gas-pee-yay]

V

vacant	libre [leebr]	waste time	perdre du temps [perdr dew tAH]
van	camionnette [kam-yun-eht]	watch (wrist)	montre [mOH-tr]
vegetable	légume [lay-gewm]	watch out!	attention! [a-tAH-syOH]
vest	gilet [zh-ee-leh]	water	eau; arroser [oh; a-roh-zay]
video-game	jeu-vidéo [zh-uh-vee-day-oh]	waterfall	chute d'eau [sh-ewt doh]
video tape recorder	magnétoscope [ma-ny-ay-tus-kup]	watering can	arrosoir [a-roh-zwar]
voice	voix [vwa]	wave	agiter [a-zh-ee-tay]
volleyball	volley-ball [vul-eh-bohl]	way	façon; manière [fa-sOH, ma-ny-ehr]

W

		we	nous [noo]
		weak	faible [feh-bl]
wait (for)	attendre [atAH-dr]	wear	porter [por-tay]
waiting line	file d'attente [feel da-tAHt]	Wednesday	mercredi [mehr-kre-dee]
walk	aller à pied; marcher [alay a pyay; mar-shay]	weed	mauvaise herbe [mu-vehz ehrb]
		weigh	peser [pe-zay]
walking	marche [marsh]	weight	poids [pwa]
wall	mur [mewr]	welcome (someone)	bienvenu, bienvenue [byEH-vnew, -vnew]
wallet	portefeuille [port-fu-y]		
walnut	noix [nwa]	well	bien [byEH]
want	vouloir [vool-war]	west	ouest [wehst]
war	guerre [gehr]	wet	mouillé, mouillée [moo-yay]
wardrobe closet	armoire; garde-robe [arm-war; gard-rub]	whale	baleine [ba-lehn]

180

what time is it?	quelle heure est-il? [kehl ur eh-teel]
whatever	n'importe quoi [nEH-port-kwa]
wheelbarrow	brouette [broo-weht]
when	quand [kAH]
whenever	n'importe quand [nEH-port-kAH]
where	où [oo]
which one	lequel, laquelle [le-kehl, la-kehl]
which ones	lesquels, lesquelles [lay-kehl]
while	pendant [pAH-dAH]
while working	en travaillant [AH tra-va-yAH]
whisper	chuchoter [shew-shut-ay]
white	blanc, blanche [blAH, blAH-sh]
whose	dont [dOH]
why	pourquoi [poor-kwa]
wide	large [lar-zh]
wife	femme [fam]
wild	féroce [fay-russ]
win	gagner [ga-ny-ay]
window	fenêtre [fn-eh-tr]
wing	aile [ehl]
winner	gagnant, gagnante [ga-ny-AH, -AHt]
winter	hiver [ee-vehr]
wipe	essuyer [ay-sew-ee-yay]
wipe out	effacer [ay-fa-say]
with	avec [a-vehk]
within	dedans [de-dAH]
wolf	loup [loo]
woman	femme [fam]

wood	bois [bwa]
wooden block	bloc de bois [bluk de bwa]
wooden floor	plancher [plAH-shay]
woods	bois [bwa]
wool	laine [lehn]
workbook	cahier d'exercices [ka-yay dehg-zehr-seess]
world	monde [mOHd]
worse	pire [peer]
wrap	envelopper [AH-vlup-ay]
wrist	poignet [pwa-ny-eh]
write	écrire [ay-kreer]
writing desk	bureau [bew-roh]

Y

yard	cour [koor]
yawn	bâiller [bah-yay]
year	an; année [AH; a-nay]
yellow	jaune [zh-ohn]
yes	oui [wee]
yesterday	hier [yehr]
yogurt	yaourt [ya-oort]
you	tu; vous [tew; voo]
young	jeune [zh-un]

Z

zebra	zèbre [zeh-br]
zero	zéro [zay-roh]
zipper	fermeture éclair [fehrm-tewr ay-klehr]
zone	zone [zohn]
zoo	zoo [zoh]